居酒屋 ふじ井

お酒の準備はＯＫ？

藤井恵

こんばんは。お酒大好き、居酒屋大好きな料理研究家**藤井恵**です。
皆さん、今日もお疲れさまでした。私はたった今仕事を終えて、これから**晩酌タイム**です。さっとおつまみを準備して、ビールを開けますからね。って言いながら、**もう、開けちゃってますけどね**（笑）

居酒屋が大好きすぎて、長年通い続け発見した、ワザありの旨いおつまみをご紹介します。

とにかく**一秒でも早く**飲みたい。だから、おつまみに**手はかけない。品数も少なくて**いい。でも、せっかく飲んで食べるなら、**旨いほうがいい。**

この本には、そんな酒飲み（つまり、ワタシ）がふだん**本当に家で作っている**おつまみを集めてあります。**「居酒屋　ふじ井」**でくつろぎながら、**あなたのベスト**をぜひ見つけてみてください。

話が長くなりそうなので、そろそろご挨拶もこの辺で……。
ビールの泡が消えないうちに、始めるとしますか！

ささっと飲む日の晩酌です
フライング
Beer
塩昆布と
和えただけ！
こりゃ、
ラクラク～
キャベツの
塩昆布和え
P.51

焼き色サイコ〜!!
プリップリ
シャウエッセン
P.26
つまみ食い♡
やっこがあれば、何とかなるのだ!
つるるん
冷ややっこ
P.16

よりどりみどり
お酒は好きなものを!

スタートの**ビール**は
欠かせません。

いい泡!

冬は燗、
夏は冷酒。
いつでも
日本酒。

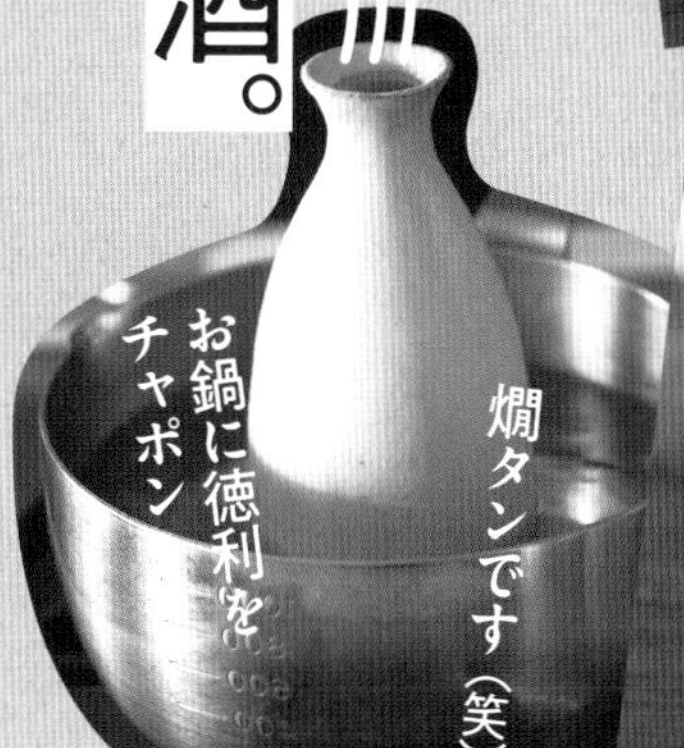

本格焼酎はロックやお湯割りで。

ワインは白が好き。氷を入れちゃうことも！

自家製のレモンサワーに凝ったこともあります。

国産の無農薬レモンを箱でいただいたことがありました。これらを凍らせて、1個丸ごとすりおろします。

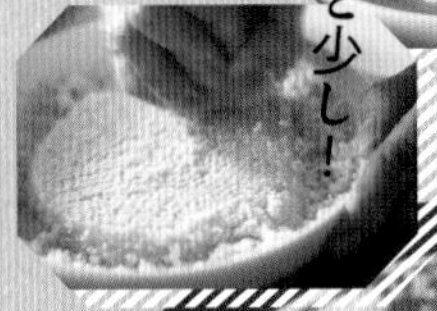

グラスに、氷→焼酎を入れてステア。→すりおろしレモン→炭酸を注いでそっとステア。

（撮影スタッフからも大絶賛の嵐！）

ビール
からの…
ちくわの
磯辺揚げ
P.94
誰からも
愛されつまみ
まぐろのユッケ
P.80
卵黄
とろ〜り
絡まって、
ああ至福！

ゆっくりのんびり飲む日もあります

もくじ

PART 1

定番つまみが とびきり旨くなる、 たったひとつのコツ。

PART 2

すぐ飲みたい！ だったら、コレ。

すぐに、飲めます。

野菜と塩昆布があれば。

クリームチーズは無敵。

ちくわは「穴」がおいしい。

今日はびんと缶の日。

ジャンクな天ぷら。

まだ食べたい！ もっと飲みたい！

小鍋は、つまみです。

名古屋風鶏手羽

おつまみ紀行

この本の使い方

●大さじ1＝15㎖、小さじ1＝5㎖、1カップ＝200㎖です。
●フライパンはコーティング加工を施してあるものを使用しています。
●電子レンジの加熱時間は600Wを基準にしています。なお、機種により加熱時間が多少異なるので、取扱説明書の指示に従い、加減してください。
●揚げ油の温度は、次の方法を目安にしてください。
乾いた菜箸をかたくしぼったふきんでさっと湿らせてから揚げ油に入れたときに、
↓スーッと細かい泡が出てくる状態が170℃（中温）
↓シュワシュワと勢いよく泡が出てくる状態が180℃（高温）
●塩は「自然塩」、しょうゆは「濃い口しょうゆ」、オリーブ油は「エクストラ・ヴァージン・オリーブオイル」を使用しています。
●だし汁は昆布と削り節でとったものを使用しています。
●おろしにんにくやおろししょうがは、市販のチューブタイプでもかまいません。

冷ややっこに枝豆、じゃこおろし……。
いつも何気なく食べている**定番つまみ**が、
ちょっとしたコツで
メチャクチャおいしくなったとしたら、
家飲み時間が何倍も楽しくなること、間違いなし！
誰もが**納得のコツ**から、
あっと驚く**おもしろワザ**まで
今すぐに試せるレシピばかり、10品ご紹介！

PART 1

定番つまみが
とびきり旨くなる、
たったひとつのコツ。

冷ややっこは、切り口を上にして盛りつける。

つるん冷ややっこ

材料（2人分）

木綿豆腐……1丁
青じそ……5枚
おろししょうが……1/2かけ分
しょうゆ……適量

ふだん冷ややっこをどんなふうに盛りつけていますか。無意識にパックの表面を「上向き」に盛っていませんか。豆腐は、パックの水にさらされた表面よりもカットした断面のほうがみずみずしく、大豆の旨みも濃い！　しょうゆもす～っとしみ入る～。つまり、冷ややっこは切り口を上にして盛るほうが断然おいしいということ。断面が広ければ広いほど、そのおいしさを何度も楽しめます。

作り方

1 豆腐はペーパータオルで包み、5分おく。

2 青じそは1.5cm長さの細切りにする。

3 豆腐の厚みを半分に切り、切り口を上にして皿に盛る。青じそ、おろししょうがをのせ、しょうゆをかける。

冷ややっこ＊味つけアレンジ

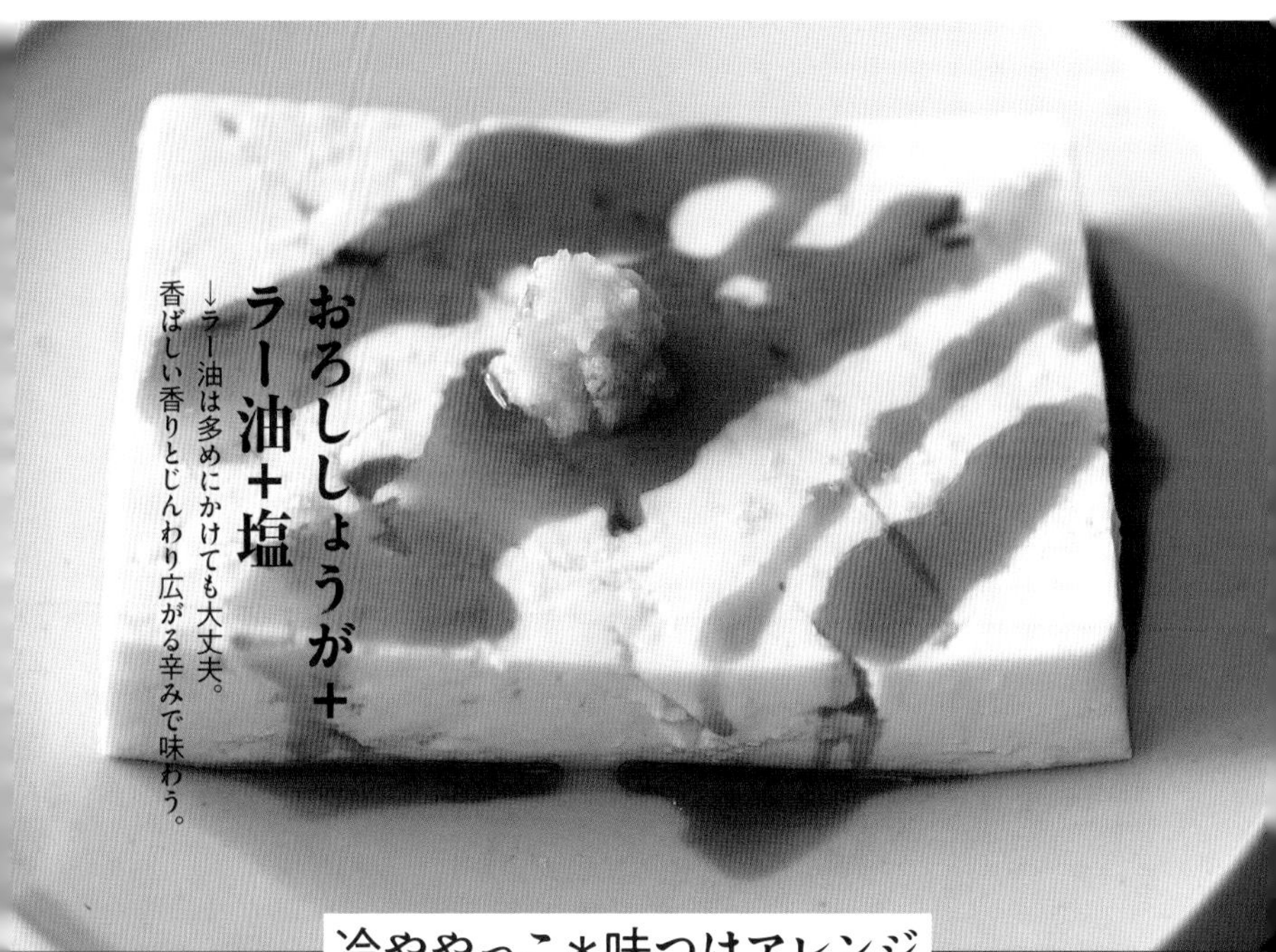

おろししょうが＋ラー油＋塩

→ラー油は多めにかけても大丈夫。香ばしい香りとじんわり広がる辛みで味わう。

黒こしょう＋ごま油＋塩

→こしょうがピリッと刺激的。ごま油はたっぷりかけたほうが断然ウマい！

ゆずこしょう＋しょうゆ

↓辛いのでゆずこしょうは控えめに。しょうゆの旨みが豆腐にじわじわしみる。

練り辛子＋めんつゆ（ストレートタイプ）

↓甘じょっぱいめんつゆにツーンと鼻に抜ける辛子が絶妙な組み合わせ！

温やっこは、パックのまま熱湯で温める。

しっとり温やっこ

材料（2人分）

絹ごし豆腐……小2パック

A 長ねぎ（小口切り）……適量
削り節……適量

めんつゆ（ストレートタイプ）……適量

肌寒い季節には温かい豆腐が恋しくなります。湯豆腐もいいけれど、すぐ飲みたいときには温やっこが手軽！　温やっこには、コンビニなどで見かける充填（パックに水が入っていない）タイプの絹ごしがおすすめです。お湯に豆腐の旨みが逃げず、冷めにくいから、温めるときも皿に盛るときも「パックのまま」いっちゃいましょう。ついでにお燗をつけちゃえば、一石二鳥です（笑）。

作り方

1 鍋に豆腐をパックごと入れ、かぶるくらいの水を注ぐ。中火にかけ、煮立ったら弱火にし、3分ほど温める。

2 皿にパックごとのせ、ふたをはがして**A**をのせ、めんつゆをかける。

※酒びんのままお燗する場合は、念のため蓋を開けて行ってください。または徳利で。

じゃこおろしは、一滴の酢で辛みが消える!

シャキシャキじゃこおろし

材料(2人分)

ちりめんじゃこ……30g
大根……8cm
酢……小さじ2
青じそ……2枚
しょうゆ(好みで)……適量

東京・下町の居酒屋で、絶品のじゃこおろしに出合いました。おいしさの理由が知りたくて料理人さんの手元をじっと観察していたところ、仕上げに少量の酢をかけていたんです！　この一滴のおかげで大根の辛みがやわらぎ、ちりめんじゃこの旨みがぐーんとアップ！　大発見でした。ちなみに、皮つきのまま大根を粗めにおろすのも、水っぽくならず、食感よく作る大事なコツです。

作り方

1 大根は皮つきのまま粗めのおろし金ですりおろし、軽く水けをきる（粗めのおろし金がなければ、手持ちのものでOK）。

2 器に青じそを敷き、大根おろし、ちりめんじゃこをのせ、酢をかける。好みでしょうゆをかける。

油揚げは、角《かど》がプクッと立つまで焼く。

パリふわ焼き油揚げ

材料（2人分）

油揚げ……1枚
長ねぎ……1/4本
しょうゆ……適量

焼いただけでおつまみになっちゃうんですから、油揚げってエライと思いませんか。でも、この「焼いただけ」というのがくせ者でして。上手に焼くには、油揚げの「角」から目をそらさないことが大事です。火が入ると、しぼんでいた角がプクッと立ち上がり、ふくらんできます。時間にして両面それぞれ1分30秒程度。これ以上焼くと油揚げがかたくなってしまうので注意してくださいね。

作り方

1 長ねぎは薄い小口切りにし、水にさらして軽くもみ、水けをしぼる。

2 フライパンを中火で熱し、油揚げを入れて、両面を1分30秒ずつ焼く。

3 油揚げを食べやすい幅に切って皿に盛り、長ねぎをのせて、しょうゆをかける。

シャウエッセン®は、ゆでからギリギリまで焼く！

プリップリシャウエッセン®

材料（2人分）
粗びきソーセージ……1袋（5～6本）
サラダ油……少々
粒マスタード……適量
トマトケチャップ……適量

粗びきソーセージはゆでてから焼くのが一番おいしい！ゆでることで、ソーセージの中の脂がほどよく溶けます。脂が溶けたら、今度は外側を香ばしく焼きます。全体にハリが出て、パンパンの皮が破れそうになったら、すぐに皿に取り出しましょう。熱々《あつあつ》を噛めば皮がプチッと弾け、肉汁が勢いよく噴き出します。そこへ、すかさず冷えたビールをぐびり。くぅ～、もう最高！

作り方

1 フライパンの深さ5㎜まで水を注ぎ、粗びきソーセージを入れる。中火にかけ、煮立ったら、ときどきソーセージの上下を返しながら1分30秒温める。

2 ソーセージにハリが出てきて、湯に油がにじみ出てきたら、フライパンに残っている水けを飛ばし、サラダ油を加える。

3 ソーセージに薄く焼き色がつき、皮がパンパンに張ってくるまで、1分焼く。

4 器にソーセージを盛り、粒マスタードとトマトケチャップを添える。

板わさは、かまぼこを12mm幅に切る！

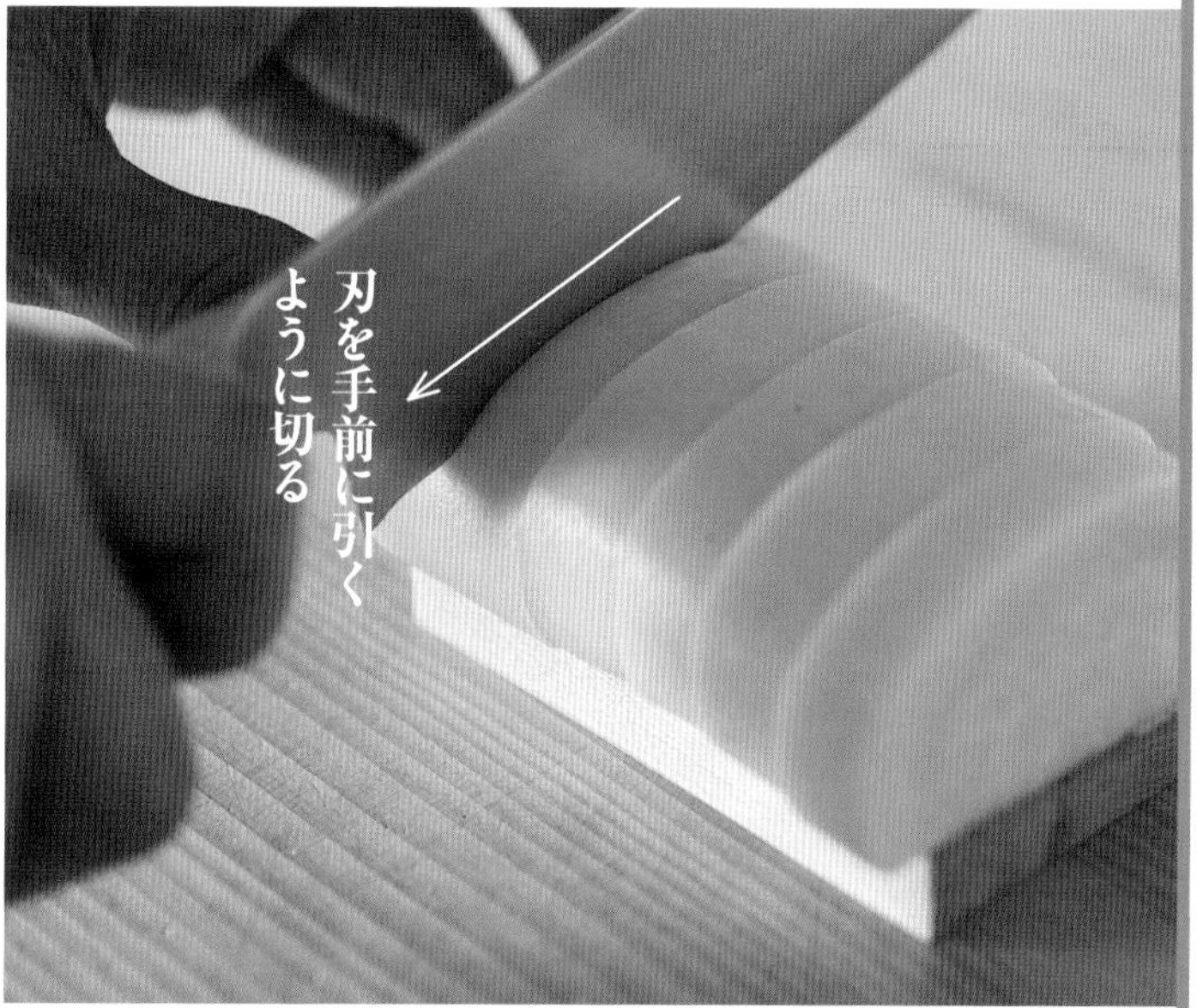

12mm
実寸です！

ただならぬ板わさ

材料（2人分）
かまぼこ……食べられるだけ
青じそ……2枚
練りわさび……適量
しょうゆ（好みで）……適量

居酒屋の板わさに感動したことがあります。かまぼこを切っただけなのに、どうしてこんなにおいしいの？　考えた末に出た答えが、かまぼこの「幅」。かまぼこは薄すぎても寂しいし、厚すぎても食べづらい。ミリ単位で幅を変えてみた結果、12㎜がベストでした。刺し身のさくを切るように、包丁の刃元から刃先まで使って引き切りにすると、見た目が美しく、口当たりもよくなります。

作り方

1 かまぼこは12㎜幅に切り、さらに半分に切る。

2 皿に青じそを敷き、かまぼこを盛り、わさびを添える。好みでしょうゆをつける。

枝豆は、少ない水で蒸しゆでにする。

香り甘ーい！枝豆

材料（2人分）
枝豆……250g
塩……大さじ1/2

枝豆はいつも「蒸しゆで」に。レシピどおりだと湯が足りない？と心配になるかもしれませんが、大丈夫。少ない水なら煮立つのが早く、枝豆の旨みの流出もおさえられ、香りよく仕上がります。ゆでている間に枝豆の皮がふくらんでわずかなすき間ができ、そこからおいしい塩味が入り込みます。なので、後から塩をふる必要はなし。生でも冷凍でも同じゆで方でＯＫです。

作り方

1 枝豆はよく洗う。

2 直径16㎝くらいの鍋に枝豆と塩を入れてよく混ぜる。枝豆の高さの半分まで水を注ぎ、蓋をして強火にかける。煮立ったら、湯がふきこぼれない程度に火を少し弱め、7～8分ゆでる。

3 ざるに上げて水けをきる。

枝豆＊アレンジ

塩漬けも旨い！

塩漬け枝豆

しっとりとして、まろみのある甘みが後を引きます。
ゆでたてとは異なるおいしさをぜひ味わうべし！

材料（作りやすい分量）

枝豆……250g
A 水……1 1/2カップ
A 塩……9g（水の重さの3％）

作り方

1 枝豆はよく洗う。

2 鍋に枝豆とAを入れて蓋をし、強火にかける。煮立ったら、湯がふきこぼれない程度に火を少し弱め、5分ゆでる。

3 火を止めてそのまま冷まし、保存容器にゆで汁ごと入れる。枝豆が空気に触れないようにラップをぴちっとかけ、蓋をして冷蔵室でひと晩味をなじませる。

さらに焼いても旨い！

焼き塩漬け枝豆

塩漬け枝豆がホクホクとした食感に。
ガーリック風味が、ビールだけでなくワインにも合う！

材料（2人分）

塩漬け枝豆……150g
オリーブ油……大さじ1
にんにく（みじん切り）……1/2かけ分

作り方

1 塩漬け枝豆は水けをしっかりふく。

2 フライパンにオリーブ油を強火で熱し、枝豆を少し色づくまで焼きつける。にんにくを加えてさっと炒め合わせる。

冷やしトマトは、トマトを氷水に5分浸す！

キーンと冷やしトマト

材料（2人分）
- トマト……1個
- 塩……適量
- マヨネーズ……適量
- 一味唐辛子……適量

冷やしトマトは、とにかくキンキンに冷えていることが、おいしさの条件。氷水に浸せば、中までしっかり冷え、トマトのみずみずしさがよみがえります。とはいえ、冷えすぎてもトマト本来の甘みがわからなくなるので、浸し時間は5分を目安に（同じ方法できゅうりを冷やしてもおいしし〜い！）。くし形切りや乱切りは皮が口に残りやすいので、レシピの切り方がおすすめです。

作り方

1 トマトは洗い、氷水に5分浸して冷やす。

2 へたを切り落として縦半分に切り、横1cm幅に切る。

3 器にトマトを盛り、塩とマヨネーズを添え、マヨネーズに一味唐辛子をふる。

煮込みは、焼き鳥缶を使えば煮込まなくてもいい。

ガード下のモツ煮込み風

材料（2人分）

焼き鳥缶（たれ味）……2缶（150g）
おろしにんにく……少々
水……大さじ1
万能ねぎ（小口切り）……適量
七味唐辛子……適量

渋～い酒場にあるようなモツ煮込みが、無性に食べたくなることがあります。でも、家でモツを処理して長時間煮込むのは至難のワザ。そこで、便利なのが焼き鳥缶です。すでに濃い目の味がついていて、煮込む手間も時間もかからず、何より鶏皮がモツの食感にそっくりなんです！　今回、甘辛いたれ味の缶詰を使いましたが、塩味の缶詰でも有楽町のガード下風の味になります。

作り方

1 小鍋に焼き鳥缶をたれごと入れ、にんにく、水も加えて中火にかける。煮立ったらひと混ぜする。

2 1を器に盛り、万能ねぎをのせ、七味唐辛子をふる。

ハムエッグは、卵をハムではさみ込む！

夜のハムエッグ

材料（1人分）

卵……2個
ハム……2枚
サラダ油……大さじ1
キャベツ（せん切り）……適量
練り辛子……適量

朝食の定番は、つまみの定番でもある。では、朝と夜で何が違うのか？ 大マジメに考えてみたら、「ハム」でした。夜のハムエッグにはハムを多めに使います。そうすることで塩分がやや強く感じられ、お酒が進むんです。卵黄はできるだけトロトロ仕上げに。ハムに絡めるとコクが出て、さらにお酒が進みます。練り辛子は必須。鼻にツーンとくる辛みも、夜のほうが似合うと思います。

作り方

1 ハムは半分に切る。

2 直径20㎝のフライパンにサラダ油を強めの中火で熱し、ハム2切れを敷き、卵を割り入れる。さらにその上にハム2切れをのせ、卵白の縁がこんがりと色づくまで焼く。

3 皿にキャベツを盛り、ハムエッグを盛って練り辛子を添える。

仕事から帰って疲れていても、
料理を作るのが面倒でも、
ふだんキッチンに立たなくても、
できることなら旨いつまみでお酒を飲みたい！
これが本音では？
この章では、手に入りやすい食材で誰でも作れる
ゆる〜いおつまみを集めました。
どれも私がいつも作っているつまみです。
肩の力を抜いて、大いに楽しんじゃってください！

PART 2

すぐ飲みたい！だったら、コレ。

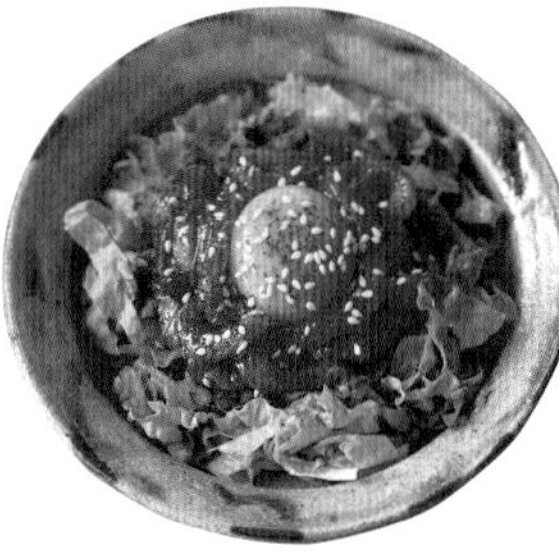

すぐに、飲めます。

なんだかすみません、どれも簡単すぎて。ここで紹介するおつまみは、ちぎるだけ、切るだけ、チンするだけのワザいらずなレシピばかり。だから、つまみを作る時間が惜しいときも、疲れてやる気がイマイチなときも、「すぐ飲みたい！」アナタの気持ちに応えます！

のりナムル

材料（2人分）

- 焼きのり（全型）……3枚
- A ごま油……小さじ2
- A 塩……小さじ1/4
- A おろしにんにく……少々
- 一味唐辛子……少々

作り方

1 のりは1㎝大くらいにちぎり、ボウルに入れる。Aを加え、手でもんで味をなじませる。

2 1を器に盛り、一味唐辛子をふる。

★韓国のりをイメージしたおつまみ。塩けと油がビールを呼びます。作りたてのパリパリののりもいいけれど、少しおいてしっとりさせた佃煮風も◎。

JAPAN'S OLDE
SINCE 18
SAPPO
LAGER BE
サッポロラガー

しらすレタス

材料（2人分）

レタス……5枚
しらす……大さじ3
ごま油……小さじ2
しょうゆ……小さじ1

作り方

1 レタスは食べやすい大きさにちぎり、ボウルに入れる。

2 1にしらすを加えてさっと和える。ごま油を加えてさっと和え、しょうゆも加えてさっと和える。

★和えたら即、レタスがサクサクのうちに、食べて、飲むべし！

ねぎ明太

材料（2人分）

辛子明太子……1腹
長ねぎ（みじん切り）……5㎝分
炒り白ごま……少々
ごま油……小さじ2

作り方

1 明太子は2㎝幅のぶつ切りにする。

2 明太子の切り口を上下にして皿に並べ、長ねぎとごまを散らし、ごま油をかける。

★明太子の切り口を上下に盛るのが、ごま油のしみ込みをよくするポイント。

のり納豆

材料（2人分）

納豆……2パック
納豆の付属のたれ……2袋
長ねぎ……5㎝
卵黄……1個分
練り辛子……適量
焼きのり（八つ切り）……8枚

作り方

1 長ねぎは小口切りにする（辛みが気になるなら、水に軽くさらす）。

2 納豆を器に入れてたれをかけ、1のねぎ、卵黄、練り辛子をのせる。

3 2をよく混ぜ、のりにのせて食べる。

★付属のたれがなければ、しょうゆ小さじ2を足して。

レンチンキャベツ

作り方

1 キャベツは3㎝大に切る。耐熱ボウルに入れ、ラップをふんわりとかけ、電子レンジで2分加熱する。

2 水けをぎゅっとしぼってAを加え、手でしっかり和える。

3 2を器に盛り、こしょう（分量外）をふる。

材料（2人分）

キャベツ……4枚

A
ごま油……小さじ1
塩……小さじ1/3
粗びき黒こしょう……少々

野菜と塩昆布があれば。

塩昆布と野菜は最強コンビ。私は香りの強いピーマンやセロリの塩昆布和えが特に好きです。大事なのは野菜の切り方。ピーマンは特有のクセが抜ける切り方、セロリやきゅうりは歯ごたえ、キャベツやレタスはシャキッとした食感を生かす切り方にします。

ピーマンの塩昆布和え

材料（2人分）

ピーマン……4個

A
塩昆布……10g
ごま油……小さじ1
酢……小さじ1

炒り白ごま……小さじ1

作り方

1 ピーマンは縦半分に切ってへたと種を取り除き、横5㎜幅に切る。

2 1をボウルに入れ、Aを順番に加えてそのつどしっかり和える。

ピーマンは繊維を断つ

セロリは鋭い乱切りに

セロリの塩昆布和え

材料（2人分）

セロリ……1本

A 塩昆布……10g

ごま油……小さじ1

酢……小さじ1

炒り白ごま……小さじ1

作り方

1 セロリはとがった乱切りにする。葉はざく切りにする。

2 1をボウルに入れ、Aを順番に加えてそのつどしっかり和える。

キャベツはテキトーな細切り

キャベツの塩昆布和え

材料（2人分）

キャベツ……大3枚

A
- 塩昆布……10g
- ごま油……小さじ1
- 酢……小さじ1
- 炒り白ごま……小さじ1

作り方

1 キャベツは太い葉脈（芯の部分）を切り落とし、繊維を断つように6～7㎜幅の細切りにする。

2 1をボウルに入れ、Aを順番に加えてそのつどしっかり和える。

きゅうりは拳《こぶし》でたたいてちぎる

きゅうりの塩昆布和え

材料（2人分）

きゅうり……小2本

A 塩昆布……10g
ごま油……小さじ1
酢……小さじ1
炒り白ごま……小さじ1

作り方

1 きゅうりは拳でたたいて割り、食べやすくちぎる。

2 1をボウルに入れ、Aを順番に加えてそのつどしっかり和える。

レタスはパリパリちぎる

レタスの塩昆布和え

材料（2人分）

レタス……大5枚

A 塩昆布……10g
ごま油……小さじ1
酢……小さじ1
炒り白ごま……小さじ1

作り方

1 レタスは食べやすい大きさにちぎり、ボウルに入れる。

2 **1**に**A**を順番に加え、そのつどしっかり和える。

クリームチーズは無敵。

クリームチーズは単体で食べるより、他の食材と組み合わせるのが好みです。おつまみにするなら、味の濃いものと混ぜて野菜やクラッカーのディップに。オリーブはビールやワインに、みそや柴漬けは日本酒や焼酎に合います。明太子やいぶりがっことのコンビもテッパンです！

柴漬けクリームチーズ

材料（作りやすい分量）

クリームチーズ……40g
柴漬け……30g
炒り白ごま……少々

作り方

1 柴漬けはみじん切りにする。
2 クリームチーズ、柴漬けをざっくり混ぜる。
3 2を器に盛り、ごまをふる。

みそクリームチーズ

材料（作りやすい分量）

クリームチーズ……40g
みそ……大さじ1
万能ねぎ（小口切り）……少々

作り方

1 クリームチーズ、みそをざっくり混ぜる。
2 1を器に盛り、万能ねぎを散らす。

オリーブクリームチーズ

材料（作りやすい分量）

クリームチーズ……40g
黒オリーブ（種なし）……30g
粗びき黒こしょう……少々

作り方

1 黒オリーブは2〜3等分に切る。
2 クリームチーズ、黒オリーブをざっくり混ぜる。
3 2を器に盛り、こしょうをふる。

漬けもの、調味料も
ドンと来い！

酒盗にかにみそ、チャンジャ。どれも酒飲みにはたまらない「珍味」です。クセのある彼らもしっかり受け止めるクリームチーズって、ホントに無敵な存在だなあと思います。珍味×チーズは、ちょっといいお酒と一緒に、舐めみそのようにちびちびつまむのが最高のひととき！

酒盗クリームチーズ

材料（作りやすい分量）
クリームチーズ……40g
酒盗＊……10g

作り方
1 クリームチーズと酒盗をよく混ぜる。

＊魚の内臓を使った塩辛。高知県のかつおの酒盗が有名。

かにみそクリームチーズ

材料（作りやすい分量）
クリームチーズ……40g
かにみそ……20g
おろしにんにく……少々

作り方
1 クリームチーズ、かにみそ、にんにくをよく混ぜる。

チャンジャクリームチーズ

材料（作りやすい分量）
クリームチーズ……40g
チャンジャ＊……30g
ごま油……小さじ1
きゅうり（斜め薄切り）……適量

作り方
1 クリームチーズ、チャンジャ、ごま油をよく混ぜる。
2 皿にきゅうり、1を盛る。

＊たらの内臓を使ったキムチ。

珍味だって
受け止める！

ちくわは「穴」がおいしい。

ちくわは穴があるからおいしい……と思うのは、私だけ？　野菜やチーズなど、日々、なんでも穴に詰める実験をしています。詰めものが変われば、同じちくわが別物に変化するのが面白い！　おつまみには、香りの強い食材を使ったり、辛みを足したりするとよいです。

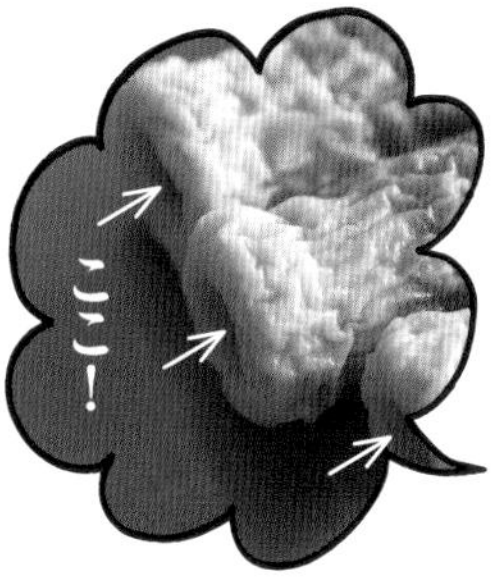

チーズときゅうりのちくわ詰め

材料（2人分）

- ちくわ……4本
- スモークチーズ（ミニサイズ）……6～8本
- きゅうり……縦1/4本分
- 練りわさび……適量

作り方

1. ちくわ2本の穴にスモークチーズを差す。
2. きゅうりは種を取り除き、長さを半分に切って包丁でV字に切り込みを入れ、わさびを塗る。
3. ちくわ2本の穴に2を差す。
4. 1と3を食べやすく切って皿に盛る。

たらこバターちくわ

材料（2人分）

ちくわ……2本

A
- たらこ（薄皮を除いたもの）……大さじ2
- バター……20g
- おろしにんにく……少々作り方

1 Aのバターは室温に戻し、ほかの材料とよく混ぜる。

2 ちくわは縦に切り目を入れて少し開き、1を穴に詰め込む。

3 2を食べやすく切って皿に盛る。

★わずかなおろしにんにくで、つまみ風味がアップ。

ちくわの辛子マヨ和え

材料（2人分）

ちくわ……2本

A
マヨネーズ……大さじ2
練り辛子……小さじ1

作り方

1 ちくわは1.5cm幅に切る。

2 Aをよく混ぜ、1を和える。

★穴に詰めるのではなく、穴に調味料が入り込むレシピ。1.5cm幅が最も入り込みやすいんです。

・「おつまみ紀行」の料理は、すべて著者による再現レシピです。
・「おつまみ紀行」に登場する飲食店は、著者が来訪した当時の様子を記憶を頼りにご紹介しています。
現在の正確な情報は直接お店にお尋ねください。

{おつまみ紀行1}

惣菜店生まれのソウルフード

ちくわサラダ

［熊本県］

初めて出合ったのは、東京にある熊本郷土料理店でした。お品書きに目をやると、馬刺しや辛子れんこんなど熊本の定番つまみに混じって「ちくわサラダ」なる料理が。ちくわを入れたサラダだろうと、さして期待もせずに注文したところ、揚げものが、それもちくわ一本丸ごと揚げた天ぷらが運ばれてきました。見た目に衝撃を受けたあと、かぶりつくと、なんとちくわの穴にポテトサラダがぎっしり！　これがまた驚きのおいしさでした。

ちくわサラダをもっと知りたい！　そんな思いが募り、一路熊本へ。熊本と福岡を中心に展開する「おべんとうのヒライ」という惣菜店がちくわサラダの〝生みの親〟だと聞き、さっそく訪れてみると、トレイに山と盛られた揚げたてのちくわサラダが飛ぶように売れていました。私も1本購入し、熱々のうちにパクリ。ちくわはおでんに使う大きめサイズでむちっとした食感。衣は厚すぎずサクサク、穴に詰まったポテトサラダはほのかに甘くて温かく、気がつけば20センチもの巨大ちくわサラダを完食していました。その夜訪れた熊本市内の居酒屋でも、ちくわサラダを注文。球磨焼酎（熊本県の米焼酎）のロックとは、言うまでもなくバツグンの相性でした！

{おつまみ紀行2}

おばあに教わった素朴な味

ゴーヤチャンプルー

［沖縄県］

ゴーヤチャンプルーといえば、くずした豆腐に四角くカットしたランチョンミート、そして溶き卵をゴーヤと炒めたものだと思っていました。ところが、沖縄の小さなホテルで食べたそれは、まったく別のひと皿でした。具は、鮮やかな緑色をしたゴーヤのみ。削り節がゴーヤにしっかり絡んでいます。シャキシャキ噛めば噛むほど、口の中が鮮烈な苦みとみずみずしさで満たされました。ああ、なんておいしいの……。味の虜《とりこ》となった私は、ホテルで長年鍋をふる「おばあ」に作り方を教えていただきました。

ゴーヤはスライスしたらたっぷりの水に浸して苦みを抜きます。ごま油だと風味が強すぎるので、炒め油はオリーブ油を。オリーブ油は気持ち多めに使うほうがおいしくなることも初めて知りました。削り節はお飾り程度ではなく、気前よく加えるのがポイントです。「昔はね、今ほど食材が豊富ではなかったからゴーヤチャンプルーもこんなに素朴だったの」。おばあは恥ずかしそうに話していましたが、むしろ、その素朴さに惹かれ、我が家では定番となりました。

毎年夏を迎えると作るゴーヤチャンプルー。おばあのレッスンを懐かしく思い出しながら、冷えたオリオンビールでのどを潤します。

再現レシピ

［熊本県］ちくわサラダ

材料（2本分）

- ちくわ（おでん用）……大2本
- ポテトサラダ……適量（P.138の1/2量くらい）
- A
  - 天ぷら粉……1/2カップ
  - 水……1/3カップ
- 揚げ油……適量

作り方

1 ちくわは縦に切り目を入れて少し開き、ポテトサラダを穴に詰め込む。ちくわの切り目を指で押し、筒状の元の形に整える。

2 ボウルにAを入れて混ぜ、1をくぐらせる。

3 揚げ油を180℃に熱し、2を揚げる。菜箸で触ってみて衣がカチッとかたまってきたら、さらに2〜3分揚げる。

ポテトサラダは小さめのゴムべらを使うと詰めやすい。すき間なくぎっしり詰めて。

再現レシピ

［沖縄県］ゴーヤチャンプルー

材料（2人分）

ゴーヤ……1本
塩……小さじ1
オリーブ油……大さじ1/2
A 塩……小さじ1/3
　しょうゆ……小さじ1/3
　砂糖……小さじ1/3
削り節……2パック（6g）

作り方

1 ゴーヤは縦半分に切り、スプーンなどでわたと種を削り取る。3～4㎜幅の薄切りにし、塩をまぶして10分ほどおく。

2 1のゴーヤから水けが出て色が鮮やかになったら、さっと洗って水けをしぼる。

3 フライパンにオリーブ油を中火で熱し、2を炒める。全体に油が絡み、しっかり熱くなったら、Aを加えてさっと炒める。削り節も加えてさっと炒め、火を止める。

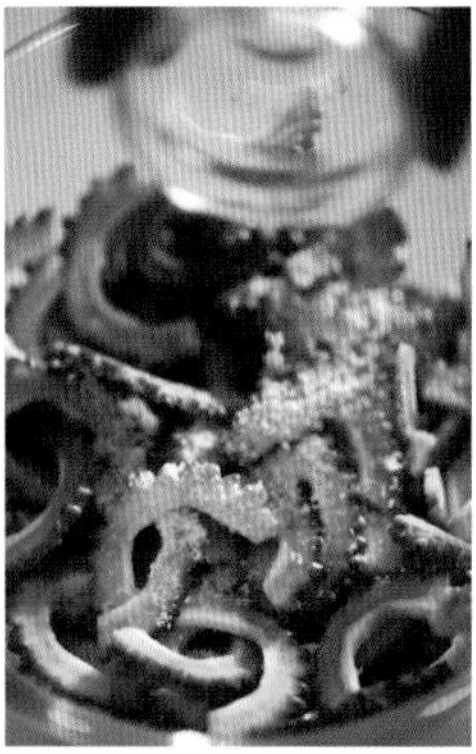

アク抜きは塩をまぶす方法にアレンジ。苦みがやわらぎ、食感よく炒め上がります。

今日はびんと缶の日。

どちらもおつまみに超便利。びん詰は、食材のひとつというより調味料代わりに、また、香りづけや旨みづけに活用します。缶詰はたんぱく質を補いたいときに。特にさばの水煮は栄養豊富で、体にも脳にもおすすめ。さば缶つまみなら、罪悪感少なめで飲めちゃいます。

ねぎメンマ

材料（2人分）

味つきメンマ……50g
長ねぎ……1/3本
ラー油……小さじ2

作り方

1 メンマは細く裂く。長ねぎは縦半分に切って斜め薄切りにし、水に10分ほどさらして水けをきる。

2 1とラー油を和える。

★近所のラーメン店で教えてもらったおつまみ。メンマは裂くと、他の食材とのなじみが格段によくなりますよ。

ザーサイ豆腐

材料（2人分）

- 味つきザーサイ……50g
- 木綿豆腐……1丁
- 万能ねぎ……4本
- 酢……小さじ1
- ごま油……小さじ1
- 粗びき黒こしょう……少々

作り方

1 豆腐はペーパータオルで包んで10分ほどおく。

2 ザーサイは粗みじんに切る。万能ねぎは3～4㎜幅の小口切りにする。

3 万能ねぎと酢を混ぜて5分ほどおく。ごま油、ザーサイを加え、豆腐も手でざっくりにぎりつぶしながら加え、軽く混ぜる。

4 3を器に盛り、こしょうをふる。

ツナキムチ

材料（2人分）

ツナ缶（オイル漬け）……1缶（140g）
白菜キムチ……100g
ピーマン……1個
一味唐辛子……少々

作り方

1 白菜キムチは細切りにする。ピーマンは縦半分に切ってへたと種を取り除き、横5㎜幅に切る。

2 器にツナ、キムチ、ピーマンの順にのせ、一味唐辛子をふり、和えながら食べる。

★ツナの油とキムチが調味料役。上にのせたピーマンが生の青唐辛子のようなフレッシュな味に化けます。

さばポン酢

材料（2人分）

さば水煮缶……1缶（180g）
大根おろし……6cm分
万能ねぎ（小口切り）……2本分
ゆずこしょう……少々
ポン酢しょうゆ……大さじ2～3

作り方

1 さば水煮は軽く缶汁をきって器に盛る。

2 大根おろしの水けを軽くきって1に添え、ゆずこしょうをのせ、万能ねぎを散らす。ポン酢しょうゆを全体にかける。

★朝昼夜かまわずいつでも食べるほど、大好きな一品。ポン酢と大根おろしが缶詰のクセをやわらげます。

さばマヨマスタード

材料（2人分）

さば水煮缶……1缶（180g）
紫玉ねぎ（玉ねぎでもOK）……1/4個
酢……小さじ1
マヨネーズ……大さじ2
マスタード……適量

作り方

1 紫玉ねぎは薄切りにし、酢をまぶして10分ほどおく。

2 1を器に敷き、さば水煮を軽く缶汁をきって盛る。マヨネーズ、マスタードをかける。

★マスタードはアメリカンドッグにかかっているような、ジャンクなタイプを。たっぷりかけるほうがウマい！

かにかまは「かに」です。

かにかまときゅうりの甘酢がけ

今かにかまがマイブームなんです。スーパーに行くと必ずチェックします。驚くほどバラエティ豊かで、どこから見ても「かに」そっくりさんも多数。いつか本当にかにになっちゃうのでは？と錯覚するほど（笑）。こういうタイプは細かく裂かないほうがおいしい！

材料（2人分）

かに風味かまぼこ……6本
きゅうり……1本
塩……小さじ1/5
A
- 酢……大さじ1
- 砂糖……小さじ1
- しょうゆ……小さじ1/2

炒り白ごま……少々

作り方

1 きゅうりは薄い小口切りにし、塩をふって5分ほどおく。

2 ボウルにAを入れて混ぜ、かにかまをざっくりほぐして加え、2〜3分おく。

3 きゅうりの水けをしぼって皿に盛り、2も盛ってごまをふる。

かにかまと貝割れののり巻き

材料（2人分）

かに風味かまぼこ……4本
焼きのり（全型）……1/2枚
スライスチーズ……2枚
貝割れ菜……1/2パック
練りわさび……少々
しょうゆ（好みで）……適量

作り方

1 貝割れ菜は根元を切り落とす。

2 のりは横長におき、チーズを並べる。手前に一文字にわさびを塗り、かにかま、貝割れ菜をのせて手前から巻く。

3 2を食べやすい幅に切り、器に盛る。好みでわさび少々（分量外）としょうゆを添える。

★ラップを敷いた上にのりをおくと、巻くのがラクラク！

かにかまのバター焼き

材料（2人分）

かに風味かまぼこ……8本
小麦粉……適量
溶き卵……1/2個分
バター……10g

作り方

1 かにかまは2本1組にし、楊枝2本をさしてとめる。小麦粉をまぶし、溶き卵を絡める。

2 フライパンにバターを中火で溶かし、1を両面2分ずつ焼く。

3 2を半分に切り、皿に盛る。

★焼くと身が締まり歯ごたえが出て、かに化が進みます。

安い刺し身で気兼ねなく。

上等な刺し身はそのまま食べるのが一番。でも、特売品や残り物は気兼ねなく手を加えて、旨いおつまみにしちゃいましょう。酢や酒で刺し身の臭みを抜く。しょうがやにんにくなど香味野菜で香りを足す。みそや油などの調味料でコクを出す。以上が安い刺し身がおいしくなる三か条。

刺し身のなめろう

材料（2人分）

- 刺し身の切り落とし（まぐろ、サーモン、いか、はまちなど）……150g
- A
  - 酢……大さじ2
  - 氷……3個
  - 水……大さじ2
  - 塩……小さじ1/2
- みそ……小さじ2
- しょうが（みじん切り）……1かけ分
- 万能ねぎ（小口切り）……2本分
- 青じそ……2枚

作り方

1 ボウルにAを入れ、刺し身をざっと洗う。ざるに上げて水けをしっかりふく。

2 まな板の上に1の刺し身をおき、包丁で細かくたたく。みそ、しょうが、万能ねぎ（仕上げ用に少し取り分ける）をのせ、粘りが出るまでさらにたたく。

3 器に青じそを敷いて2のなめろうを盛り、仕上げ用の万能ねぎをのせる。

まぐろのユッケ

材料（2人分）

まぐろ（刺し身）……150g
サニーレタス……2枚
A しょうゆ……大さじ1
　ごま油……小さじ2
　酒……小さじ1
　砂糖……小さじ1
　おろしにんにく……少々
　こしょう……少々
卵黄……1個分
炒り白ごま……適量
一味唐辛子……少々

作り方

1 まぐろは5～6㎝長さの細切りにする。サニーレタスは横5㎜幅の細切りにする。

2 ボウルにAを入れて混ぜ、まぐろを加えて和える。

3 皿にサニーレタスを敷き、2を盛り、卵黄をのせてごま、一味唐辛子をふる。

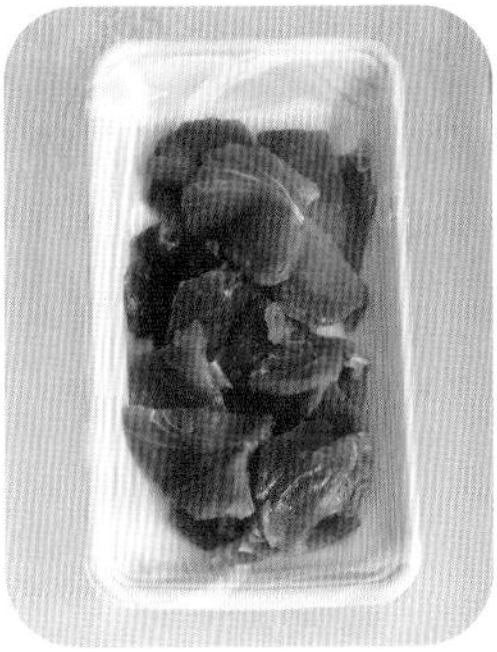

写真はまぐろの中落ち（すき身）。形が不揃いだけど、味は赤身と変わらないおいしさ。比較的安価なので、ユッケなどのつまみにも気軽に使えます。

白身魚の塩昆布和え

材料（2人分）

白身魚（刺し身）……100g
三つ葉……5本
塩昆布……10g
酒……小さじ1
オリーブ油……小さじ1

作り方

1 白身魚は薄いそぎ切りにする。三つ葉は葉を摘み、茎は小口切りにする。

2 白身魚に酒をふって絡め、三つ葉、塩昆布、オリーブ油で和える。

★刺し身が淡白な白身なので、ごま油よりもクセのないオリーブ油で和えました。

刺し身納豆

材料（2人分）
いか（刺し身）……100g
納豆……2パック
A しょうゆ……小さじ2
練り辛子……小さじ1/2
砂糖……小さじ1/4
おろししょうが……少々
刻みのり……少々

作り方
1 いかは1.5cm角に切る。納豆はAをよく混ぜる。
2 器に納豆、いかを盛り、しょうが、のりをのせる。

★Aの調味料を、ナンプラー&おろしにんにくに変えて「エスニックいか納豆」にしてもイケます！

つまみ素材にひと手間プラス。

つまみ素材はそのまま食べるだけでなく、持ち味の旨みを生かして新たなおつまみにするのも楽しいもの。味つけもしっかり濃い目だから、使う調味料を最小限におさえられます。お土産にもらった珍味が今ひとつ口に合わないときの救済策にも、覚えておいて損はナシ！

いかの塩辛で じゃがバター塩辛のせ

材料（2人分）

- いかの塩辛……大さじ2
- じゃがいも……2個
- バター……20g
- 粗びき黒こしょう……適量

作り方

1 じゃがいもはよく洗い、ぬれたままラップで包み、電子レンジで5分加熱し、そのままおいて2分蒸らす。

2 じゃがいもに十字に切り込みを入れ、両手で持ってぎゅっと握り、十字部分を開く。開いたところにいかの塩辛、バターをのせ、こしょうをふる。

いかの塩辛で

塩辛もやし炒め

材料（2人分）

いかの塩辛……大さじ3
もやし……1袋（200g）
A
おろしにんにく……小さじ1/3
酒……大さじ1/2
しょうゆ……小さじ1
サラダ油……大さじ1/2

作り方

1 いかの塩辛とAを混ぜる。

2 フライパンにサラダ油を強火で熱し、もやしを炒める。もやしに油が絡んだら1を加え、塩辛がプリッとするまで炒める。

★炒めている最中に、塩辛の強烈な香りがキッチンに充満します。この香りだけで、ビールが進む進む～

いかの塩辛で

塩辛のホイル焼き

材料（2人分）

いかの塩辛……50g
玉ねぎ（薄切り）……1/4個分
バター……10g
赤唐辛子（小口切り）……1本分
バゲット……適量

作り方

1 20cm四方に切ったアルミホイルを2枚重ねる。玉ねぎ、いかの塩辛、バター、赤唐辛子の順にのせて包む。

2 1をフライパンにのせて蓋をし、中火にかけて7～8分蒸し焼きにする。

3 2を器に盛り、バゲットを添える。

★バゲットで旨い汁を吸収！

さきいかで
さきいかキムチ

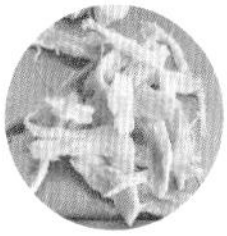

材料（2人分）

さきいか……30g
白菜キムチ……30g
ごま油……大さじ1

作り方

1 さきいかは細く裂く。白菜キムチはみじん切りにする。

2 さきいかにごま油をもみ込み、キムチと和える。

★ごま油が、さきいかとキムチのつなぎ役。キムチは細かく刻むことで断然絡みやすくなります。

いかくんで
いかくんセロリ

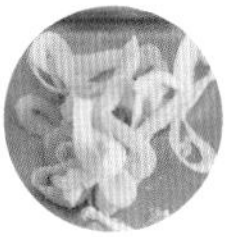

材料（2人分）

- いかの燻製……30g
- セロリ……1本
- レモン汁……大さじ2
- 七味唐辛子……少々

作り方

1 いかの燻製は2㎝長さに切る。セロリは斜め薄切りにする。これらをレモン汁で和える。

2 器に盛り、七味唐辛子をふる。

★レモンの香りが爽やかなおつまみ。ひと晩おいて、セロリといかがなじんだ状態もおいしい。

酒盗で

酒盗ピザ

材料（2人分）

酒盗……小さじ1
食パン（サンドイッチ用）……1枚
マヨネーズ……大さじ$\frac{1}{2}$
ピザ用チーズ……20g

作り方

1 食パンにマヨネーズを塗り、酒盗、ピザ用チーズを散らす。

2 オーブントースターで1をこんがり色づくまで焼く。食べやすい大きさに切る。

★酒盗×ピザ用チーズ＝ブルーチーズか!? と勘違いする味！ 青じそをトッピングするのも合う！

酒盗で

酒盗豆腐

材料（2人分）

- 酒盗……大さじ1
- 木綿豆腐……1丁
- わけぎ……2本
- A
  - だし汁……2カップ
  - 酒……大さじ2

作り方

1 豆腐は6等分に切る。わけぎは斜め切りにする。

2 鍋に酒盗、A、豆腐を入れ、中火にかける。ふつふつしてきたら弱火にし、5分ほど煮る。

3 わけぎを加え、しんなりするまで2分ほど煮る。

★酒盗の旨みやコクが溶け出した「煮汁」もつまみに。

ジャンクな天ぷら。

専門店では絶対にお目にかかれない、禁断のおつまみ天。衣は失敗の少ない天ぷら粉を使い、直径20cmのフライパンで揚げています。かにかま、さきいかと、具はどれも酒飲みの心をくすぐるものばかり。好きなお酒を傍らに、おやつのように気取らずモリモリいっちゃいましょ。

失敗しないよ～

かにかま天

材料（2人分）

かに風味かまぼこ……6本
青じそ……6枚
A 天ぷら粉……大さじ4
　水……大さじ3
揚げ油……適量

作り方

1 かにかまに青じそを巻く。Aはよく混ぜる。
2 フライパンに揚げ油を180℃に熱し、1のかにかまにAを絡めて入れ、カリッとするまで1～2分揚げる。

さきいか天

材料（作りやすい分量）

さきいか……40g
A 天ぷら粉……大さじ6
　水……大さじ4
　しょうゆ……小さじ1
　こしょう……少々
揚げ油……適量

作り方

1 さきいかは水大さじ2（分量外）をふりかけて15分ほどおき、やわらかくする。
2 Aをよく混ぜ、1のさきいかを入れてしっかり絡める。
3 フライパンに揚げ油を180℃に熱して2を入れ、カリッとするまで1～2分揚げる。

天ぷら粉としょうゆを混ぜるから、衣が黄金色に！ 味もつくので、天つゆいらず。

ちくわの磯辺揚げ

材料（2人分）

ちくわ（おでん用）……大2本

A
- 天ぷら粉……大さじ6
- 水……大さじ4
- マヨネーズ……大さじ1
- 青のり粉……小さじ1/2

揚げ油……適量

作り方

1 ちくわは縦横半分に切る。

2 Aをよく混ぜ、ちくわを入れてしっかり絡める。

3 フライパンに揚げ油を180℃に熱して2を入れ、カリッとするまで2～3分揚げる。

★磯辺揚げは、冷めても縮まないおでん用（加熱用）のちくわで作るべし。

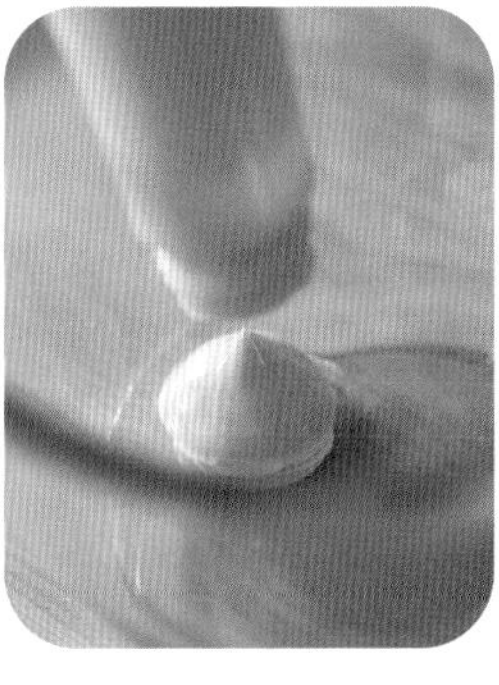

衣にマヨネーズを加えると、カリッと揚がります。マヨネーズは粉となじみにくいので、先に水と混ぜておいて。

紅しょうがのつまみ天

材料（2人分）

紅しょうが（細切りタイプ）……40g

A
天ぷら粉……大さじ4
水……大さじ3

揚げ油……適量

作り方

1 紅しょうがは汁けをきり、たっぷりの水に2～3分浸して水けをきる。

2 Aをよく混ぜ、1を加えて絡める。

3 フライパンに揚げ油を深さ1㎝くらい注ぎ、170℃に熱する。2の紅しょうがをひとつまみずつ衣を絡めながら入れ、カリッとするまで2～3分揚げる。

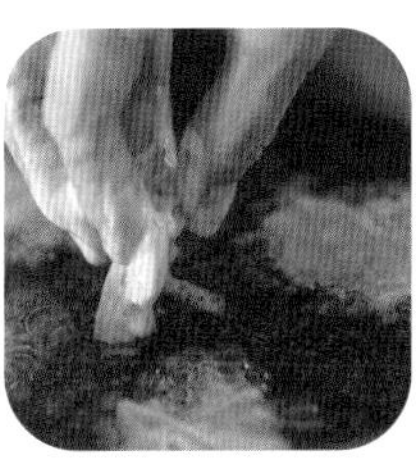

指でつまみ、バラバラにならないようそっと入れて。

魚肉ソーセージ天

材料（2人分）

魚肉ソーセージ……2本
A 天ぷら粉……大さじ2
　水……大さじ2
揚げ油……適量
カレー粉……少々

作り方

1 魚肉ソーセージは1㎝幅の斜め切りにする。

2 Aをよく混ぜ、1を加えて絡める。

3 フライパンに揚げ油を180℃に熱して2を入れ、カリッとするまで2〜3分揚げる。

4 3を器に盛り、カレー粉をふる。

★揚げるとふっくらする、魚肉ソーセージ。カレー粉パラリで、これはもう、ビールが止まらなーい！

仕事で何度も広島市に通っていた時期がありました。そのときお世話になった方に案内されたのが「ホルモン天ぷら」の専門店。専門店といっても気取りのない大衆食堂で、お昼どきともなると早朝からの仕事を終えたおっちゃんたちで満席に。ビールを飲みながらおいしそうに食べています。中には、お客さん自身が天ぷらを食べやすくカットできるよう、卓上にまな板と包丁をセットしてある店も。一瞬ぎょっとしましたが、実に合理的なシステムです。

店は繁華街から外れた広島市西区に集中していました。この地域では、新鮮なホルモンが安く手に

{おつまみ紀行3}

唯一無二のB級グル〆
ホルモン天ぷら
［広島県］

入ったそうです。

センマイ、シロ、ハチノス、広島弁でビチと呼ぶ第四胃袋（ギアラ）など、さまざまな牛ホルモンをたっぷりの天ぷら衣にくぐらせて油で揚げます。衣は口の中が切れそうなほどガリガリの食感ですが、ホルモンはもっちりしていたり弾力があったりと、部位の個性を楽しめます。たれは粉唐辛子入りの酢じょうゆが地元スタイル。

うちで作るのは、もっぱら市販の味つきモツを使った〝なんちゃって〟ホルモン天ぷら。広島出身の夫からもお墨付きをもらったレシピなので、案外本場の気分を味わえるかもしれませんよ?!

私の趣味は居酒屋巡り。仕事で地方に出かけるときも、近くにいいお店がないか前もって必ず調べます。料理教室の講師役で豊橋市を訪れたときも、スタッフとの慰労会をご遠慮して、アシスタントと二人で目的の居酒屋さんへ。「割烹千代娘」という名酒場です。お邪魔した当時は、風情のある木造一軒家に渋い暖簾という外観で、お店に入ると大将と女将さん、娘さんの三人が温かい雰囲気を醸し出していました。いろいろなおつまみを注文しましたが、名物「あさり串」が絶品！　干したあさりのむき身をさっとあぶったもので、日本酒の旨みを引き立てます。

{おつまみ紀行4}

しっとり、ほくほく、しみじみ

じゃがいもの染煮

〔愛知県〕

そして、忘れられないもう一品が「じゃがいもの染煮」です。肉じゃがのような甘辛い味ではなく、お酒に合うすっきりとした味つけで、うっすらしょうゆ色に染まっていました。少し粉をふいていて、しっとりほくほくの食感です。

色気のある料理名としみじみとしたおいしさに心を奪われた私は、記憶を頼りに何度も試作を重ねました。今でも外食続きなどで胃が疲れると、じゃがいもの染煮を作ります。じゃがいもをアテに好きな日本酒をちびちび。（少しは豊橋の味に近づけたかな）なんて考えながらぼんやりと過ごす夜も、たまにはいいものです。

再現レシピ

［広島県］ホルモン天ぷら

作り方

1 味つきホルモンはさっと洗い、ペーパータオルにのせて、しっかりと水けをきる。

2 ボウルにAを入れて混ぜ、1を加えて、たっぷりと絡める。

3 揚げ油を170℃に熱し、2を衣がカリッとするまで揚げる。

4 3を器に盛り、酢と一味唐辛子をつけて食べる。

材料（2人分）

味つきホルモン（市販品）……1袋（160〜170g）

A
天ぷら粉……½カップ
酒……大さじ2
水……大さじ3

揚げ油……適量

酢……適量

一味唐辛子……適量

市販の味つきホルモンは味が濃いので、調味液を水で洗い流し、十分に水けをきります。

再現レシピ

［愛知県］じゃがいもの染煮

材料（2人分）

じゃがいも……2個（260g）
だし汁……1カップ
A
しょうゆ……小さじ1
塩……小さじ$1/4$
砂糖……小さじ$1/4$

作り方

1 じゃがいもは皮をむいて小さめのひと口大に切り、さっと洗って水けをきる。

2 鍋に1のじゃがいも、だし汁を入れて中火にかける。煮立ったら蓋をして10分ほど煮る。

3 蓋を取ってAを加え、煮汁がなくなるまで煮る。

4 強火にして鍋を揺すりながら、じゃがいもの表面に粉がふくまで汁けを飛ばす。

煮汁がなくなるまでじゃがいもを煮たら、鍋を揺すりながら、さらに水分を飛ばします。

まだ食べたい！ もっと飲みたい！

さてさて、私が作っている「ふだん着つまみ」をズラリと紹介してきましたが、じつは……まだまだあるんです。ここでは、どこのカテゴリーにも当てはまらない、我が家のいつものつまみを披露します。PART1からもれた居酒屋の定番つまみも、再浮上させました！

アボカド納豆

材料（2人分）

アボカド……1個
納豆……1パック
貝割れ菜……1/4パック
A
のりの佃煮……大さじ2
練りわさび……小さじ1～2

作り方

1 アボカドは半分に切って種を取り除き、皮をむいて1.5cm角に切る。貝割れ菜は根元を切り落として2～3等分に切る。

2 Aを混ぜ、納豆、アボカドを加えて和える。

3 2を器に盛り、貝割れ菜をのせる。

★食材をひとつにまとめる「のりの佃煮」が陰の主役です。

炒り豚

材料（2人分）

豚肩ロース薄切り肉（豚こま切れ肉でもOK）……200g
玉ねぎ……1/2個
サラダ油……大さじ1/2
塩……少々
こしょう……少々

A
トマトケチャップ……大さじ4
ウスターソース……大さじ1
酒……大さじ1

作り方

1 豚肉は大きければ、半分に切る。玉ねぎは横5㎜幅に切る。

2 フライパンにサラダ油を強火で熱し、豚肉を炒める。肉がほぐれたら塩、こしょうをふる。

3 玉ねぎを加えて炒め、少ししんなりしたらAを加え、炒りつける。

★「炒り豚」は東京・下町の昔ながらの味。意外にワインと好相性。

豚肉を炒めてから玉ねぎを加えるのは、玉ねぎの香りとシャキシャキした食感を残したいから。香りも食感も「つまみ」には大事な要素です！

おつまみマカロニサラダ

材料（2人分）

マカロニ……50g

A
マヨネーズ……大さじ4
たらこ（薄皮を除いたもの）……大さじ2

おろしにんにく……少々

作り方

1 熱湯にマカロニを入れ、袋の表示時間より2分長くゆでる。ざるに上げて水けをきり、粗熱をとる。

2 ボウルにAを入れて混ぜ、1を加えて和える。

★某有名仕出し弁当に入っている、具のないマカロニサラダからアイデアを拝借。野菜を切る手間を省きました。しびれるほど、レモンサワーに合います！

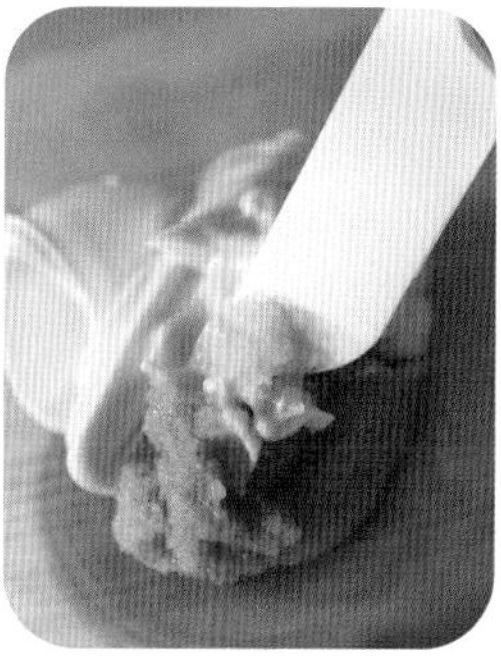

マカロニサラダにおろしにんにくを少し加えるのがミソ。にんにくの風味が加わるだけで、ご飯やパンに合うおかずから、お酒を呼ぶおつまみに変わります。

ふわとろ焼き

材料（2人分）

長いも……150g
卵……3個
塩……少々
こしょう……少々
サラダ油……大さじ1
万能ねぎ（小口切り）……3本分
削り節……1パック（3g）
しょうゆ、ソース（好みで）……各適量

作り方

1 長いもはよく洗い、皮つきのまますりおろす。

2 ボウルに卵を割り入れ、1の長いも、塩、こしょうを加えてよく混ぜる。

3 直径20㎝くらいのフライパンにサラダ油を中火で熱し、2を広げて蓋をし、両面を5分ずつ焼く。

4 3を皿に盛り、万能ねぎ、削り節をかける。好みでしょうゆやソースをつけて食べる。

★粉を使わないからふわっと軽い食べ心地。ビールやサワーはもちろん、日本酒にもどんぴしゃり！

長いもは皮も食べられます。皮つきのまますりおろすほうが、ツルツル滑らず作業がラクちん。

鶏皮ポン酢

材料（2人分）

鶏肉の皮……3枚分
玉ねぎ……1/4個
きゅうり……1/2本
塩……大さじ2
ポン酢しょうゆ……大さじ2
一味唐辛子……少々

作り方

1 鶏皮は塩をふってよくもみ、15分ほどおく。

2 鍋に湯を沸かし、1を中火で5分ゆでる。水にとってしっかり水けをしぼり、細切りにする。

3 玉ねぎは薄切りにし、ポン酢しょうゆに5分ほど漬ける。きゅうりは斜め薄切りにして細切りにする。

4 3の玉ねぎと2を和える。

5 器にきゅうりを敷き、4を盛って一味唐辛子をふる。

★もも肉やむね肉の皮を使用。弾力ある歯ごたえが後を引く！

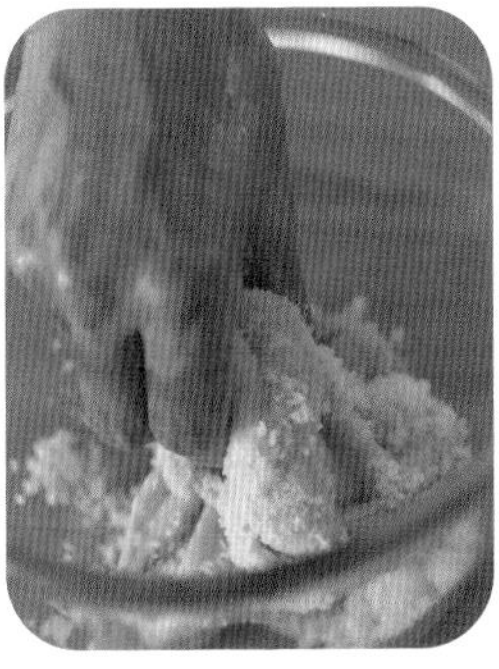

鶏皮に塩をふり、全体にすり込むようによーくもむこと。このひと手間で独特の臭みがおさえられます。

れんこんきんぴら

材料（2人分）

れんこん……1節（200g）
ごま油……大さじ½
A しょうゆ……小さじ2
　酒……小さじ2
砂糖……小さじ1
炒り白ごま……少々

作り方

1 れんこんは皮をむいて4〜5cm長さに切り、縦1.5cm幅に切って乱切りにする。

2 フライパンにごま油を強めの中火で熱し、れんこんがこんがりと色づくまで炒める。

3 2にAを加え、れんこんに絡めながら炒りつける。

4 3を器に盛り、ごまをふる。

★ゴリゴリと耳をつんざく食感もおいしさのうち。

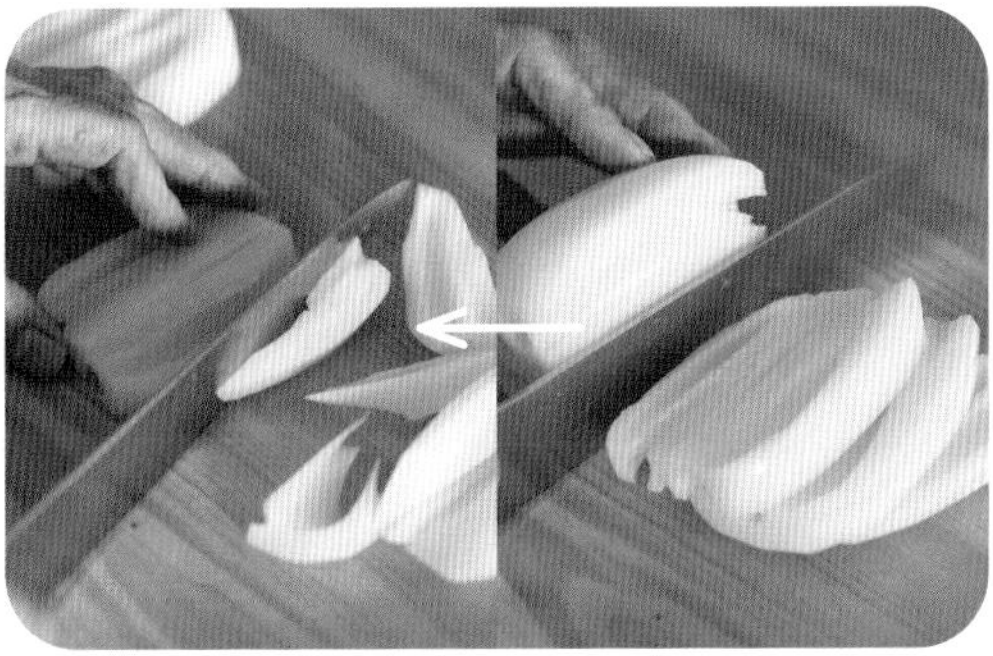

縦に薄切りにしてから鋭くとがった乱切りに。これなら中まで火を通しても歯ごたえのよさが残ります。切ったれんこんは水にさらさなくてＯＫ。でんぷんを残したまま炒めるほうが香ばしく仕上がります。

小鍋は、つまみです。

鍋ものも酒のよき相棒になります。とは言っても、数種の具をさっと煮た「小鍋立て」がおつまみにはちょうどいい。体が温まるキムチチゲ、えのきのシャキシャキがクセになる鶏だんご鍋、にんにく酢じょうゆでさっぱりいただくしゃぶしゃぶ。どれも晩酌を盛り上げます。

キムチチゲ

材料（2人分）

豚バラ薄切り肉……100g
白菜キムチ……200g
豆腐（木綿でも絹ごしでもOK）……½丁
わけぎ……1本
A しょうゆ……大さじ½
　みりん……大さじ½
　おろしにんにく……1かけ分
ごま油……大さじ1
だし汁（水でもOK）……2カップ
一味唐辛子……少々

作り方

1 豚肉は2～3cm長さに切り、Aをもみ込む。

2 白菜キムチは1cm幅に切る。豆腐は6等分に切る。わけぎは斜め切りにする。

3 鍋にごま油を中火で熱し、豚肉を炒める。肉がほぐれたらキムチを加え、2～3分炒める。

4 3にだし汁を注いで5～6分煮る。豆腐、わけぎ（仕上げ用に少し取り分ける）を加えて2～3分煮て、一味唐辛子をふる。

5 食べる直前に仕上げ用のわけぎをのせる。

鶏だんご鍋

材料（2人分）

鶏ひき肉……200g
えのきだけ……1袋
水菜……50g

A
- おろししょうが……1かけ分
- 酒……大さじ½
- 塩……小さじ¼

片栗粉……大さじ1

B
- だし汁……4カップ
- しょうゆ……大さじ½
- 塩……小さじ1

ゆずこしょう（好みで）……適量

作り方

1 えのきだけは根元を切り落とし、半分に切ってほぐす。水菜は4〜5cm長さに切る。

2 ひき肉とAを練り混ぜ、片栗粉、えのきだけを加えて混ぜる。

3 鍋にBを入れて中火で煮立て、2をひと口大に丸めて加える。中まで火が通ったら水菜を加える。好みでゆずこしょうを添える。

豚肉とレタスのしゃぶしゃぶ

材料（2人分）

豚ロース肉（しゃぶしゃぶ用）……200g
レタス……1/2個
A
昆布（5cm×10cm）……1枚
水……3カップ
酒……大さじ2
塩……小さじ1/2
B
酢……大さじ3
しょうゆ……大さじ3
おろしにんにく……1/2かけ分
わけぎ（小口切り）……1本分

作り方

1 レタスはざく切りにする。Bの材料を混ぜる。

2 鍋にAを入れて弱めの中火で煮立て、豚肉をさっと加熱する。レタスもさっとくぐらせ、わけぎを入れたBにつけて食べる。

シメは具なしの麺で。

わかっちゃいるけどやめられない。それが、飲んだ後の炭水化物。お腹の中はお酒とおつまみでほぼ満タンだから、さっぱり味の具なし麺で軽やかにシメるとしましょう。麺が多かったら1人前を二人で分けてもいい。これで翌日「二日酔い」なんてことが、どうかありませんように！

素焼きそば

材料（2人分）

- 中華蒸し麺……2袋
- 長ねぎ（みじん切り）……10cm分
- サラダ油……大さじ1
- A
  - 酒……大さじ1
  - 水……大さじ1
  - 顆粒中華スープの素……小さじ1/2
  - 塩……小さじ1/3
- 粉山椒……少々

作り方

1. Aをよく混ぜる。
2. フライパンにサラダ油を中火で熱し、長ねぎを炒める。
3. 長ねぎの香りが立ったら中華麺を加え、蓋をして10秒蒸らし、蓋を取って箸でほぐす。もう一度蓋をして10秒蒸らし、蓋を取って箸でほぐしながら炒める。これをもう1、2回繰り返す。
4. 3にAを回し入れて全体に絡める。
5. 4を器に盛り、粉山椒をふる。

素ラーメン

材料（2人分）

インスタントラーメン（塩味）……2袋
玉ねぎ……1/6個
ラー油……適量

作り方

1 玉ねぎは薄切りにする。

2 ラーメンは袋の表示どおりに作る。

3 どんぶりに2を盛り、玉ねぎをのせてラー油をかける。

★こしょうではなくラー油で辛みを、長ねぎではなく玉ねぎで香りを添えるのが、オツでしょ？

かけそば

材料（2人分）

そば（乾麺）……2人分

A だし汁（または水）……3カップ
めんつゆ（ストレートタイプ）……3/4カップ

焼きのり（八つ切り）……1枚

練りわさび……少々

作り方

1 鍋にAを入れて中火にかけ、煮立てる。

2 そばは熱湯で袋の表示どおりにゆで、ざるに上げて水けをきる。

3 どんぶりに2を入れて熱々の1をかけ、半分に切ったのり、わさびをのせる。

★娘曰く、シンプルなかけそばが二日酔い防止によく効くそうです。

誰でも作れる簡単めんつゆ

材料（1カップ分）

みりん……大さじ2
しょうゆ……1/4カップ
水……1カップ
削り節……10g

市販のめんつゆもいいけれど、手作りの旨さにはかなわない！
麺類だけでなく、つまみの味つけにも大活躍します。

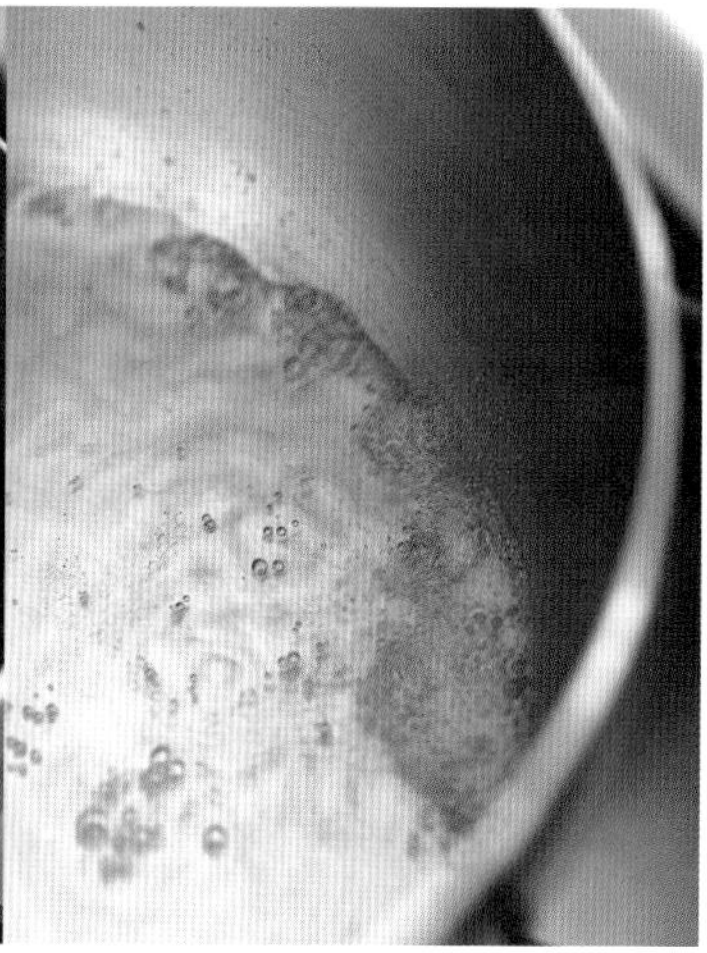

作り方

1 小鍋にみりんを入れて中火にかける。煮立ったら弱火にし、1分煮てアルコールを飛ばす。

2 1にしょうゆ、水を加えて中火にし、煮立ったら削り節を加えて弱火にし、3～4分煮る。

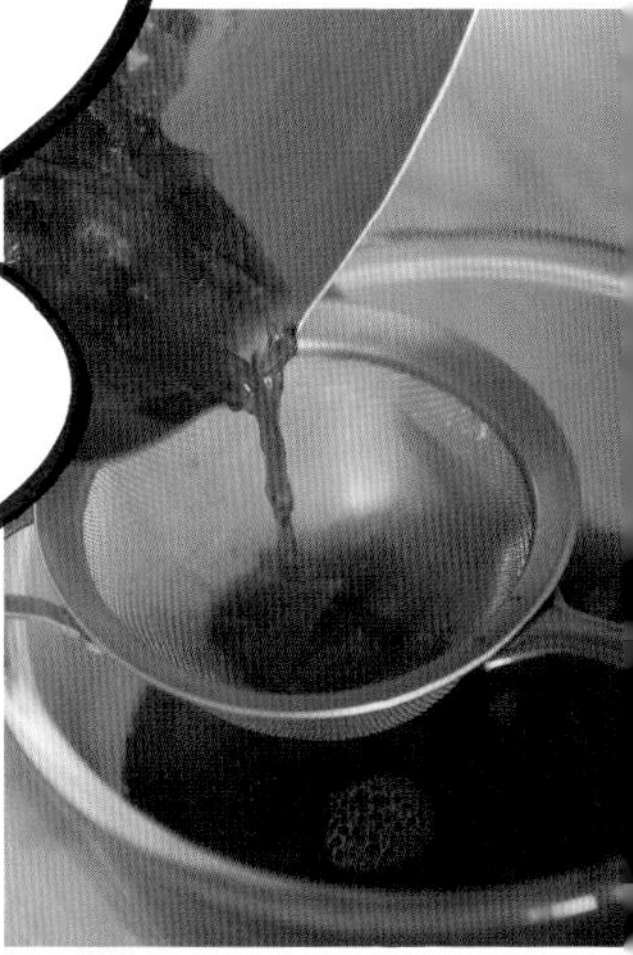

3
耐熱ボウルに茶こし、またはざるを重ねて2を注ぎ、削り節をキュッキュッと軽く押しながらこす（ギュウギュウ押さないこと）。

〔保存方法と期間〕
蓋つきの清潔な容器に入れ、冷蔵室で2週間。

かけそばのつゆ（P.123）の他、
冷ややっこや温やっこに。
豚しゃぶ（P.119）のたれや
味たま（P.134）、
とろろやきんぴらの味つけにも。
使い道は無限大！

おつまみ紀行5

一に鮮度、二に鮮度！

あじフライ

［神奈川県］

仕事柄、料理をおいしく作るコツをよく聞かれます。たいがいの料理には下ごしらえや切り方、火加減など、何かしらコツがあるのですが、残念ながら、あじフライだけは別。どんなに料理の腕があっても、あじが新鮮でなければ、本当においしいあじフライは作れません。それを痛感したお店が、葉山の「魚佐」でした。

海辺の町、葉山には新鮮な魚介を食べさせる飲食店がたくさんありますが、中でも「魚佐」はトップクラス。刺し身も煮ものも何でもおいしいのですが、あじフライは別格です。皿に盛られた神々しいまでの姿は、背開きの美しい二等辺三角形。衣はサクッと軽やかで、あじの身は厚く、ふっくらとしています。このおいしさは、あじが獲れたて、さばきたてでなければ出せません。白いご飯もビールも、どちらも進みます。

「魚佐」で思い知った（！）私は、それ以来、新鮮でまるまる太ったあじが手に入ったときだけ、あじフライを作るようにしています。強いてコツをお伝えするならば、次の2つ。バッター液（卵、小麦粉、水を混ぜたもの）をあじにたっぷりまぶすことと、パン粉はドライを使うこと。どちらも、あじに火が入りすぎて身がパサつくのを防ぐためのコツです。

{おつまみ紀行6}

居酒屋の扉が開いた
塩角煮
［東京都］

私には二人の娘がいます。すでに成人していますが、子どもの頃は二人分のお弁当作りをはじめ、子育てで毎日てんてこ舞いでした。仕事も忙しく、いつも何かに追い立てられているようで、心身ともにいっぱいいっぱい。そんな様子を見かねた編集者の方が「これからも料理の仕事を続けるのなら、外で食べることも大事」と、東京・下北沢にある居酒屋さんに誘ってくださったんです。

当時は居酒屋にまったく興味がありませんでした。というよりも、興味を持つ余裕すらなかった。実際に行ってみると、ふだん私が作るものとは明らかに異なる料理がお品書きに並んでいます。「塩角煮」もそのひとつでした。単に塩味の角煮だろうと思っていたら、塩味、甘み、酸味、とろみなど、いろんな味が次々とあらわれて舌の上で見事に融合。まるで雷に打たれたような衝撃をおぼえました。居酒屋は、私に新しい味を教えてくれる場所かもしれない……。扉が開いた瞬間でした。

シャイな性格なので、お店の主人にレシピを聞くのは苦手。だから、食べて記憶して試作して再びお店を訪れてを繰り返し、〝私の味〟が少しずつ増えていきました。「塩角煮」は、いわば私の居酒屋デビューの記念碑のような一品です。

再現レシピ

［神奈川県］あじフライ

作り方

1 Aはよく混ぜる。

2 あじに塩、こしょうをして、小麦粉を薄く全体にまぶし、Aを両面にしっかりつけ、パン粉をまぶす。

3 揚げ油を180℃に熱し、2を入れて2～3分揚げる。

4 3を器に盛り、ソースやしょうゆをかけ、つけ合わせを添える。

材料（2人分）

あじ（背開きのもの）……2尾
塩……少々
こしょう……少々
小麦粉……適量
A
溶き卵……1/2個分
小麦粉……大さじ3
水……大さじ1
ドライパン粉……適量
揚げ油……適量
ソース、しょうゆ……各適量
［つけ合わせ］
キャベツのせん切り、レモン、パセリ

多少揚げ方に手間取っても、たっぷりまぶしたバッター液（A）があじをガード。かたくなりません。

再現レシピ

［東京都］塩角煮

材料（2～3人分）

豚バラかたまり肉……400g

A
にんにく（半分に切ったもの）……1かけ分
しょうが（薄切り）……1かけ分
長ねぎ（青い部分）……1本分
酒……1/2カップ

B
黒酢……大さじ3
砂糖……大さじ2
塩、しょうゆ……各小さじ1

C
水……大さじ2
片栗粉……大さじ1

ごま油……大さじ1/2
長ねぎ……5cm
粗びき黒こしょう……適量

作り方

1 豚肉は4等分に切る。たっぷりの湯を沸かし、豚肉を3分ゆでる。

2 別の鍋に1の豚肉、Aを入れ、かぶるくらいの水を加えて中火にかける。鍋の直径くらいのペーパータオルを1枚用意し、中央に十字に切り込みを入れて豚肉にかぶせ、蓋をして弱火にし、90～120分ゆでる。

3 2のにんにく、しょうが、長ねぎを取り除き、肉とゆで汁に分ける。ゆで汁を冷やし、白い脂を取り除く。

4 鍋に肉とゆで汁2カップ（足りなければ水を加える）、Bを入れ、蓋をして弱めの中火にかけ、30分ほど煮る。

5 4にCを混ぜて加え、煮立たせる。とろりとしたらごま油を加えてひと混ぜする。

6 長ねぎは細切りにし、水にさらして水けをきる。

7 5を器に盛り、6をのせ、こしょうをふる。

黒酢の酸味と旨みが煮汁に加わることで、角煮がより複雑で奥深い味に。

時間がぽっかり空いた日、予定のない休日。
のんびり**ダラダラ飲みたい**ときには
少〜しだけ腕まくりしておつまみを作ります。
PART2よりも**手間がかかる**レシピや、
仕込んでも**すぐに食べられない**
つまみも混じっていますが、
こういうおつまみは、たまに作るからこそ
充実感が得られるというもの。
飲んで食べて、お酒のびんが空になった頃に
「**はぁ、いい日だった〜**」と、
幸せのため息がもれるんです。

PART 3

ゆっくり飲みたい！ならば、アレ。

黄身がとろ〜りとろり
味たま

卵黄はねっとり、とろ〜り。
卵白もフルフルでやわらかいのは、
卵のゆで時間が短めだから。
慎重に、丁寧に殻をむいたら、
あとはつゆに漬けておくだけ。
「時間」がじんわりおいしく仕上げます。

材料（作りやすい分量）

卵……8個
みりん……大さじ4
しょうゆ……大さじ4
だし汁……1カップ

作り方

1 卵は冷蔵室から出し、室温に戻す。

2 鍋に湯を沸かし、卵をそっと入れ、再び煮立ったら湯がグラグラする火加減で5分ゆでる。

3 2の卵を氷水にとり、卵の上下（とんがっているほうとその逆側）をコンコンとたたき、ヒビを入れて殻を優しくむく。

4 小鍋にみりんを入れて中火にかけ、煮立ったら弱火にして2分煮て、アルコールを飛ばす。しょうゆ、だし汁を加え、再び煮立ったら火を止め、そのまま冷ます。

5 保存容器に4を注ぎ、3の水けをふいて漬ける。

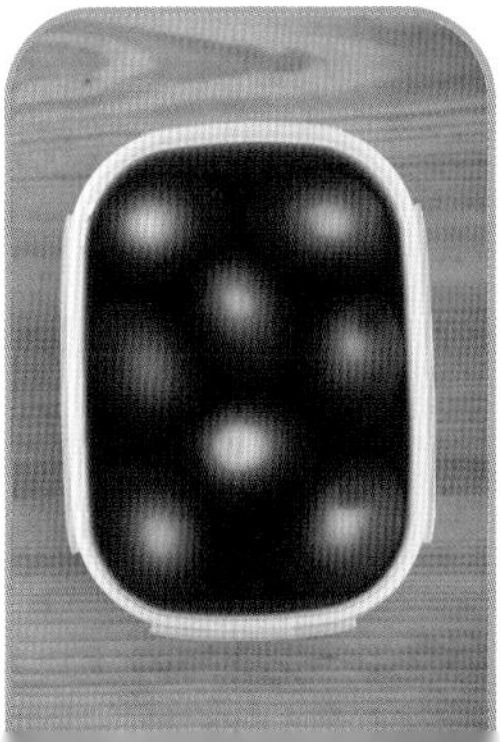

漬けて2日後が食べ頃。冷蔵室で4〜5日保存できます。

濃厚な卵黄が
ねっとりと
舌に絡みつく

2日の「脱水」で旨さ激増！

手羽先揚げ

材料表を見てください。手羽、塩、油、以上。
たったこれだけの材料で、自分史上、
最高クラスの手羽先揚げができたのは、
2日間かけて、手羽先を脱水させているから。
余分な水けが抜けて皮パリ！ 旨みも凝縮！
さあ皆さん、ビールのご用意を（笑）

材料（作りやすい分量）

鶏手羽先……8本（500g）
塩……小さじ1
揚げ油……適量

作り方

1 手羽先は塩をふってよくすり込み、脱水シートにはさんで冷蔵室に1～2日おく（脱水シートがない場合は、ペーパータオルにはさみ、ラップで包む）。

2 手羽先は関節で先の方を切り落とす。切り口から包丁の刃先を入れ、骨にくっついている肉をぐるりと切り離し、切り口を上にしておき、皮ごと肉を押し下げる。

3 フライパンに揚げ油を180℃に熱し、2の皮がカリッとするまで6～7分揚げる。

脱水シートで余分な水分を出し、旨みを凝縮させておきます。

関節に包丁を入れ、切り分けて……

包丁の刃先を入れ、切り口近くの骨にくっついている肉を切り離す！

切り口を上にして皮ごとぎゅっと押し、肉を下に寄せます。

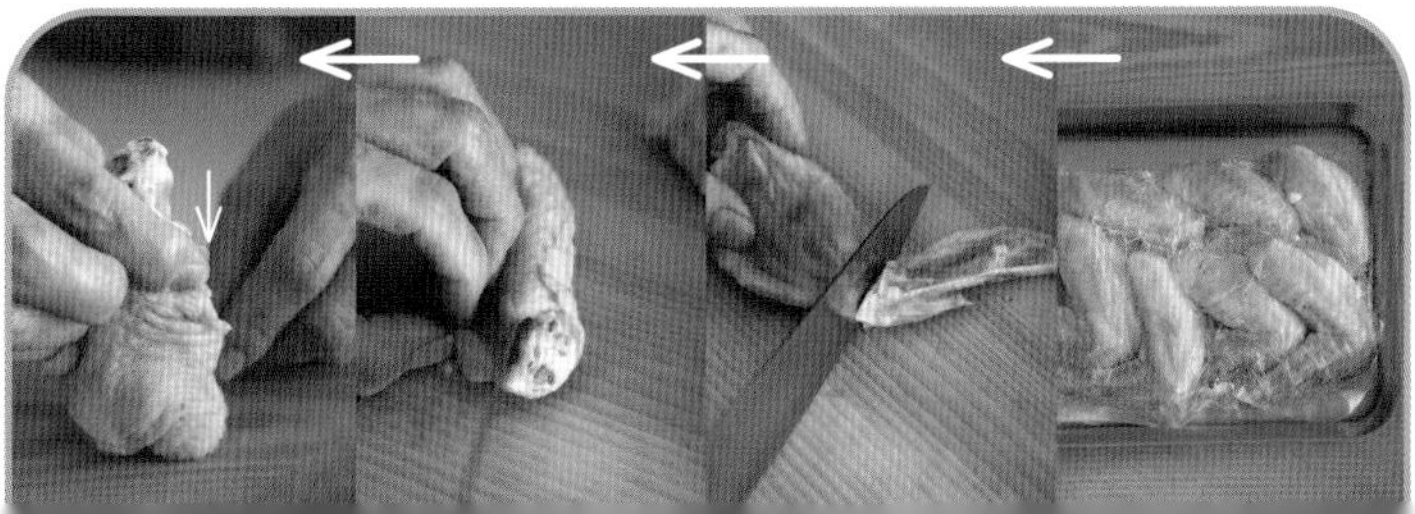

藤井恵史上、
最高の
皮パリッ！

作り方も具もシンプルに
ポテトサラダ

居酒屋の定番つまみ、ポテトサラダ。家庭で作ると地味に手間のかかる料理です。ふだんの晩酌にはめったに作りませんが、たま～にウチで食べたくなることも……。そんなときは、シンプルなこのレシピに。クリームチーズのおかげでお酒を選ばない！

材料（作りやすい分量）

じゃがいも……1個
玉ねぎ……1/4個
クリームチーズ……40g
塩……少々
こしょう……少々
マヨネーズ……大さじ3
フライドオニオン（市販品）……大さじ1
粗びき黒こしょう……少々

作り方

1 じゃがいもは皮をむいて6等分に切り、さっと洗う。玉ねぎは横5㎜幅に切る。

2 耐熱ボウルに1、クリームチーズを入れてラップをかけ、電子レンジで4分加熱し、そのまま2分おいて蒸らす。

3 2のボウルに水けがあればふき、塩、こしょうをふり、フォークなどでじゃがいもを潰しながら混ぜる。冷めたらマヨネーズを加えて和える。

4 3を器に盛り、フライドオニオンをかけ、黒こしょうをふる。

じゃがいも、玉ねぎ、クリームチーズを合わせてレンジでチン。簡単なうえ、素材同士のなじみがよくなります。

134ページの
「味たま」を
ちょんとのっけても
ウマい！

「薄いほう」が好みです
ハムカツ

巷でしばしば繰り広げられるハムカツ論争。ハムは厚切りか、それとも薄切りか?私はお肉屋さんで売っているような、ハムが薄くて衣がサクサクしたのが好き。ハムが薄い分、衣は厚めにまぶします。ハイボールと相思相愛(?)の関係です!

材料(2人分)

ロースハム……6枚
小麦粉……適量
生パン粉(ドライパン粉でもOK)……適量
揚げ油……適量
中濃ソース……適量

A
卵……1個
小麦粉……大さじ5
水……大さじ2
塩……少々
こしょう……少々

作り方

1 Aはよく混ぜる。

2 ハムに小麦粉をまぶし、1をたっぷりと絡めてパン粉をしっかりまぶす。

3 フライパンに揚げ油を180℃に熱し、2を入れてカリッとするまで1~2分揚げる。

4 3を皿に盛り、中濃ソースをかける。

揚げたときにパン粉がはがれないよう、ハムにパン粉をまぶしたら、手でおさえて密着させます。

サクサクがうれしい、
「お肉屋さん風」ハムカツです
！

甘じょっぱい〝ノスタル〟味

卵焼き

卵焼き器もだし汁も使わない、小さなフライパンで作る気楽な卵焼き。甘じょっぱい、昭和の母ちゃん風味です。卵液に砂糖としょうゆを加えるので、焼くとこんがりと焦げめがつきますが、焦げ色も香りも、おいしさの一部です。

材料（2人分）

卵……3個

A
- 水……大さじ3
- 砂糖……大さじ$1\frac{1}{2}$
- しょうゆ……小さじ1

サラダ油……大さじ$\frac{1}{2}$

［つけ合わせ］

レタス、きゅうり、トマト、マヨネーズ

作り方

1 ボウルにAを入れて混ぜ、卵を割り入れて溶きほぐす。

2 直径20cmくらいのフライパンにサラダ油を中火で熱し、1を流し入れて菜箸でぐるりぐるりと大きく混ぜる。半熟状になったらフライパンを傾けながら卵の両端を内側に折り、木の葉形に整える。

3 2を皿に盛り、つけ合わせを添える。

卵液の材料は、砂糖、しょうゆ、そして水。だし汁をわざわざ用意しなくてもおいしく作れますよ。

表面の焦げめを
見ているだけで
お酒がクイクイ進みます

緊張せずに焼けます
牛肉のたたき

お肉にかぶりつきながら飲むのも楽しいもの。ステーキ肉なら、さらに気分が上がります！とはいえ、ステーキを焼くよりも失敗の確率が低く、食べごたえも出せる「たたき」が断然おすすめです。何よりもステーキ肉が日本酒つまみになるのが嬉しい。

材料（2人分）

牛ステーキ用肉（1cm厚さのもの）……1枚

A
しょうゆ……小さじ1
酒……小さじ1/2
おろしにんにく……少々

サラダ油……小さじ1
紫玉ねぎ（薄切り）……1/4個分
青じそ……2枚
練りわさび……適量
しょうゆ、または塩（好みで）……各適量

作り方

1 牛肉はAを絡めて室温に10分おく。

2 フライパンを中火にかけて3～4分温め、サラダ油を引く。1の汁けを軽くふいて入れ、強火で両面を30秒ずつ焼く。バットにのせてアルミホイルをかぶせ、1分ほどおく。食べやすい薄切りにする。

3 皿に紫玉ねぎ、青じそを盛り、2を盛ってわさびを添える。好みでしょうゆ、塩を添える。

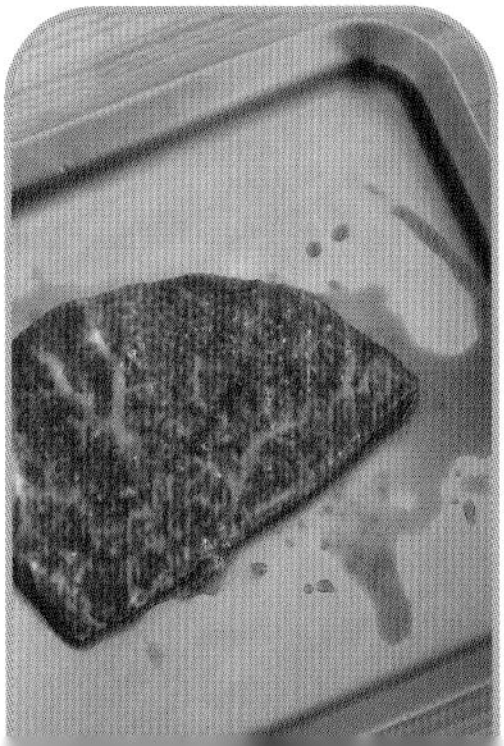

牛肉に下味を絡めたら、10分以上おいて味をなじませます。冷蔵室から出したての肉だと上手に焼けないので、触ってみて肉がひんやりしていたら、もう少しおいて常温に戻しましょう。

「たたき」は、
日本酒にも
合うからエライ！

冷たい油からゆっくりと
ポテトフライ

何の予定もない休日は、ビールを開けてのんびりポテトフライを作ります。じゃがいもは塩水に30分さらしていものまわりに塩味をしっかりとつけます。こうすれば後から塩をふらなくてもいいし、じゃがいもの甘みも引き出されますよ。

材料（2人分）

じゃがいも……2個
A 水……$2\frac{1}{2}$カップ
　塩……大さじ1
揚げ油……適量
トマトケチャップ……適量

作り方

1 じゃがいもは皮つきのまま1cm四方の棒状に切り、さっと洗う。

2 ボウルにAを入れて混ぜ、1を入れて30分おく。

3 2のじゃがいもの水けをふいてフライパンに入れ、揚げ油をひたひたに注いで強火にかける。泡がふつふつと出てきたら中火にし、こんがりと色づいて、周りがカリッとするまで9～10分揚げる。フライパンから取り出し、油をきる。

4 3を器に盛り、トマトケチャップを添える。

油が少量でも、冷たいうちからじんわり揚げていく方法なら、じゃがいもが失敗なくカリッと揚がります。

ポテトフライは、
断然皮つき派。
外はカリッ、
中はホックホクの
おいしさ

義父が毎晩揚げていた
名古屋風鶏手羽

義父は広島で生まれ育ったのに、なぜか、名古屋名物の手羽揚げが大好きでひと頃毎日のように自分で揚げては、福山弁で「うみゃー」と言いながら食べていました。これは亡き義父へのリスペクトレシピ。梅酒を加えたたれが駄菓子のようで郷愁を誘います。

材料（2人分）

- 鶏スペアリブ（手羽中ハーフ）……200g
- 塩……少々
- こしょう……少々
- 小麦粉……適量
- 揚げ油……適量
- A
  - しょうゆ……大さじ1
  - 砂糖……大さじ1
  - 梅酒（あれば）……大さじ1
  - おろしにんにく……少々
- 粗びき黒こしょう……少々

作り方

1 鶏肉に塩、こしょうをふり、小麦粉をまぶす。

2 フライパンに揚げ油を180℃に熱し、1を入れてカリッとするまで7〜8分揚げる。

3 耐熱ボウルにAを入れ、ラップをせずに電子レンジで1分加熱する。油をきった2を加え、しっかり和える。

4 3を皿に盛り、こしょうをふる。

スペアリブは、油の中から浮き上がってくるまで時間をかけてじっくり揚げましょう。

指がペトペトになっても構わない！
無我夢中でほお張るのが、
正しい食べ方です

忘れられないお通し
酢大豆
［北海道］

夫と二人で北海道を旅したことがありました。夫は旭山動物園や富良野のラベンダー畑など、観光地を巡るのが好きなタイプ。もちろん同行しましたが、私が行きたかったのは、旭川市の居酒屋「独酌三四郎」。太田和彦さんの著書『居酒屋味酒覧』に北海道一の居酒屋と紹介されていて、いつか訪れてみたいと思っていたお店です。

店内は絵に描いたような渋い居酒屋風情で、着物の上に割烹着をお召しになった品のよい女将が接客をされていました。期待がふくらんできたところに供されたのが、お通しの「酢大豆」。1946年の創業以来レシピを変えずに作り続けているそうです。大豆の甘み、穏やかな酸味、青じその香りのいずれかが突出することなく、バランスのよい風味で、お酒のお供にぴったりです。

インターネットで公開されているレシピには、ゆでた大豆が完全に冷めてから調味料に漬けるとありますが、私は味が早くしみ込むように大豆が熱々のうちに調味料に漬け込みます。

お店ではごく小さな豆皿に盛られていたのを覚えています。じつは私、豆皿に少しずつおつまみを盛って飲むのが好き。豆皿収集を始めたのも、この「酢大豆」がきっかけなんです。

これまで全国津々浦々、各地の居酒屋を訪れました。どこも思い出深いのですが、私にとって永遠のナンバー1は、弘前市の「しまや」です。お店の佇まいはきわめて普通。日本酒は地酒「豊盃」のみ。ですが、ここには嶋谷啓子さんがいらっしゃいます。常連さんがママと呼ぶ名物女将です。何を隠そう、私はママさんの大ファン。ママさんの料理が好き。ママさんの話に耳を傾けるのが好き。

「しまや」には決まったお品書きはありません。地元で採れた山菜や魚介など、そのときもっともおいしい食材をママさんが仕入れ、調理します。ママさんは「家庭料

{おつまみ紀行8}

いつか修業したい

いかメンチ

［青森県］

理」と謙遜されるけれど、どれもとびきりおいしい。料理にはそれぞれに物語があり、カウンター越しに話してくれます。「貝焼きは風邪を引いた人の養生料理だった」とか、「いんげんのきんぴらは、いんげんをささがきに切らないと津軽の男は納得しないよ」だとか。「いかメンチ」は初来訪のときに感激した料理。ママさんが丁寧に作り方を教えてくれました。

「しまや」にはこれまで4回伺いましたが、まだまだ足りません。ママさんが許してくれるなら、いつか修業させてほしい！　それほどまでに愛してやまない、大切な大切な一軒です。

再現レシピ

［北海道］酢大豆

材料（作りやすい分量）

大豆（乾燥）……150g
青じそ……10枚
A
しょうゆ……大さじ1
酢……大さじ1

作り方

1 大豆は水で洗い、たっぷりの水に6～8時間浸す。

2 鍋に水けをきった大豆を入れ、かぶるくらいの水を加えて中火にかける。煮立ったら浮いてきた泡をすくい取り、蓋をして20～30分ゆでる。

3 青じそは長めの細切りにする。

4 2をざるに上げて湯をきり、熱いうちにA、青じそで和え、ひと晩おく。青じそをよけて器に盛る。

大豆が温かいうちに酢としょうゆを加えます。
ひと晩で大豆の芯まで味がしみ込みます。

再現レシピ

［青森県］いかメンチ

材料（2〜3人分）

- するめいか……1ぱい
- 玉ねぎ……1/4個
- にんじん……1/4本
- A
  - 溶き卵……1/2個分
  - 酒……大さじ1/2
  - 砂糖……小さじ1
  - しょうゆ……小さじ1
- 塩……少々
- 小麦粉……大さじ3
- 揚げ油……適量

作り方

1 いかは胴から足を引き抜き、胴はえんぺらを外して軟骨を取って輪切りにする。足はわたとくちばし、目を切り落とす。

2 いかの胴をみじん切りにし、包丁で粘りが出るまで細かくたたく。足とえんぺらはみじん切りにする。

3 玉ねぎ、にんじんはみじん切りにする。

4 ボウルに2、3を入れて手で混ぜ、Aも加えてさらによく混ぜる。小麦粉を加えてさらによく混ぜる。

5 揚げ油を170℃に熱し、4をひと口大に丸めて入れる（約10個分できる）。3〜4分かけてこんがりと揚げる。

「いかは皮つき」「包丁でたたくといい粘りが出る」。どちらもママさんから教わりました。

食材別さくいん

卵・大豆製品・乳製品

野菜・きのこ

ごちそうさまでした〜

藤井恵（ふじい・めぐみ）

雑誌、書籍、テレビなどで活躍する料理研究家、管理栄養士。著書は『藤井弁当』（学研プラス）、『藤井恵の腹凹ごはん』（日経ＢＰ）など多数。テレビは「キユーピー３分クッキング」（日本テレビ系列）にレギュラー出演。家族は夫と娘二人。趣味はお酒を飲むこと、居酒屋巡り、温泉。

デザイン……三木俊一（文京図案室）
撮影……キッチンミノル
スタイリング……大畑純子
校正……西進社
構成・編集……佐々木香織
撮影協力……UTUWA

居酒屋 ふじ井

2020年12月10日　第1刷発行
2021年 3月10日　第2刷発行

著者……藤井恵
発行者……永岡純一
発行所……株式会社永岡書店
〒176-8518 東京都練馬区豊玉上1-7-14
電話03-3992-5155（代表） 03-3992-7191（編集）
DTP……編集室クルー
印刷・製本……クループリンティング

ISBN978-4-522-43869-5 C2077

今夜も
ぐびっと

くーっ
(シアワセ♡)